Brigitte Wilmes-Mielenhausen

Sprachförderung für Kleinkinder

Ideen für Krippe, Kita und Tagesmütter

W0334595

Brigitte Wilmes-Mielenhausen

Sprachförderung für Kleinkinder

Ideen für Krippe, Kita und Tagesmütter

HERDER

FREIBURG · BASEL · WIEN

Inhalt

1.

Spielen mit den Kleinsten

Was tun wir mit den Kleinsten? Die Gruppe der 0–3-jährigen Kinder gerät zunehmend in den Fokus der Pädagogik. Diese Buchreihe wendet sich an Erzieherinnen, Tagesmütter und Spielgruppenleiterinnen, die bereits mit ganz kleinen Kindern arbeiten oder zukünftig arbeiten möchten.
Der Betreuungsbedarf für Kinder unter 3 Jahren wächst ständig (zum Teil bedingt durch die Berufstätigkeit der Mütter sowie die steigende Zahl allein erziehender Elternteile). Die Vereinbarkeit von Familie und Beruf ist für viele junge Eltern zunehmend an adäquate Betreuungsmöglichkeiten für Kinder unter 3 Jahren geknüpft. Das Angebot an Krippenplätzen für die Kleinsten liegt dabei noch immer deutlich unter Bedarf und Nachfrage.
Waren die Kleinsten bislang vorwiegend in Kinderkrippen untergebracht, die meist sog. „Kombi-Einrichtungen" (Tagesstätten mit Krippe, Kindergarten und Hort) angehörten, gehen neue Trends dahin, auch die sog. „Regelkindergärten" für Kinder unter 3 Jahren zu öffnen, gekoppelt an flexible Betreuungszeiten.

Eckpunkte der Krippenpädagogik heute

Leider wird die Betreuung der Kleinsten außerhalb der Familie immer noch als die zweitbeste Lösung angesehen. Traditionell gilt die Mutter (der Vater) als die ideale Bezugsperson.
Dabei kann die Kleinfamilie den Kindern längst nicht mehr allein das bieten, was sie für eine gesunde Entwicklung brauchen: Über die Hälfte der Kinder wächst ohne Geschwister auf. Beengte Wohnverhältnisse in Städten, eingeschränkte Spielräume, wenig Spielkameraden im Umfeld machen es notwendig, Defizite an sozialen Kontakten auszugleichen.
Um schon Kleinkindern Erfahrungen mit anderen Kindern zu ermöglichen, besuchen viele Mütter/Väter mit ihren Babys und Kleinkindern einmal wöchentlich Kurse nach dem „Prager-Eltern-Kind-Programm" (PEKiP) oder nehmen an „Eltern-Kind-Spielgruppen" („Mini-Clubs", Krabbelgruppen") teil. So wichtig diese Gruppen sind: In der Regel setzen sie sich altershomogen zusammen und bieten somit keine Erfahrungen zwischen unterschiedlichen Altersstufen.
Besuchen Kleinkinder dagegen eine Ganztagseinrichtung (Tagesstätte), so haben sie hier nicht nur eine tägliche Betreuung. Sie treffen sehr oft – anders als in „Eltern-Kind-Spielgruppen" – auf familienähnliche Strukturen: Dabei üben die Großen Rücksicht

und helfen den Kleinen, die Kleinen lernen von den Großen. Man findet die „kleine Altersmischung" (0–3 jährige Kinder in einer separaten Krippengruppe), aber zunehmend auch die „große Altersmischung" (0–6 Jahre) in einer Kindergartengruppe.
Die „große Altersmischung" in einer Gruppe erfordert viel Flexibilität und pädagogisches Geschick seitens der Erzieherin und eine gute personelle Besetzung, damit jede Altersgruppe in ihren Bedürfnissen angesprochen werden kann.

Die Rolle der Erzieherin bei den Kleinsten

Erzieherinnen, die mit Kleinkindern arbeiten, sollten sich darum bemühen, professionelle Konzepte zu erarbeiten. Niemals darf die Arbeit mit dieser Altersgruppe nur „irgendwie improvisiert" werden.
Kleinkinder brauchen viel Nähe, Zuwendung, Hautkontakt und eine verlässliche Bindung an die Erzieherin. Häufiger Wechsel der Bezugspersonen ist zu vermeiden. Wenn ein Kleinkind in eine Tageseinrichtung kommt, so muss es die erste längere Trennungserfahrung von den Eltern verarbeiten. Kinder, die unter der Trennung sehr leiden, können nicht entspannt und lustvoll spielen.
Kleinkinder sind darauf angewiesen, dass Erzieherinnen ihre Signale verstehen, ihre Bedürfnisse wahrnehmen und angemessen darauf reagieren.
Erzieherinnen sollten vor allem wissen, welche Entwicklungsschritte Kinder im Alter von 0–3 Jahren durchlaufen: Dies gilt besonders für die Bereiche Motorik, Wahrnehmung, Sprache, Denken und soziale Bindung.

Was diese Buchreihe möchte und wie Sie damit arbeiten können

- Zur Reihe gehören verschiedene Themen-Schwerpunkte: *Bewegung, (Sinnes)-Wahrnehmung, Sprache, kreative Materialerfahrung, Musik, Umwelterfahrung.*
- Alle Bände der Reihe ergänzen sich wie Bausteine, bilden letztendlich ein „großes Bauwerk", denn kein Bereich kann isoliert betrachtet werden.
- Jeder Band enthält eine allgemeine *theoretische* Einführung. Dann geht es um das spezielle Förder-Thema (z. B. Sprache).
  Dazu gehört auch die *Entwicklung* von Kindern in dem jeweiligen speziellen Förderbereich.
- Das Buch ist vor allem ein *Praxis-Buch*.

- Die Spielvorschläge orientieren sich an der Entwicklung der Kleinsten.
- Beobachten Sie die Kinder! Womit beschäftigen sie sich? Was können sie schon? Was können sie noch nicht? So sind Sie in der Lage, *das passende Spiel zur richtigen Zeit* anzuregen.
- Je nach Spielidee können Sie mit einem *einzelnen Kind, einer kleinen Gruppe* (ca. 4–6 Kinder) oder mit einer *größeren Gruppe* spielen. Es werden sowohl freie („Freispiel") als auch gelenkte *Spielaktionen* (gezielte „Beschäftigungen") berücksichtigt.
- Sie finden vor jedem Spiel Angaben zu:
  - *Alter/Entwicklungsstand*
  - *Mitspielern*
  - *Material*
  - *Ort/Raum* sowie
  - *Hinweise* (z. B. Förderziele, praktische Tipps zum pädagogischen Vorgehen …)

  Im *Anschluss* an die Spielbeschreibung finden Sie zudem:
  - *Variationen* (wie kann ich das Spiel situationsbezogen umgestalten?) und
  - *Groß und Klein zusammen* (Vorschläge, wie ältere Kinder mitspielen können)
- Falls nötig finden Sie auf einzelnen Seiten noch einen *Kasten* mit zusätzlichen Tipps und Hintergrundinformationen.
- Die Spiele sind für Babys/Kleinkinder *ab 6 Monaten* bis zu *3 Jahren* gedacht. Einzelne Spiele lassen sich auch mit Babys unter 6 Monaten spielen.

Förderschwerpunkt Sprache

Warum Sprachförderung von Anfang an wichtig ist

Sprechen lernen scheint ein Kinderspiel zu sein. Jedes Kind ist genetisch auf Sprache und ihr Erlernen angelegt. In einer emotional ansprechenden, anregenden Umgebung gelingt daher der Spracherwerb in den meisten Fällen zügig und problemlos.
Dabei vollbringen die Gehirne von Babys und Kleinkindern beachtliche Leistungen in der Worterkennung und Grammatik. Kinder saugen aus der Umwelt alles heraus, was sie an Sprachinformationen bekommen können. „Jawoistdenndiemilchflasche?", hört vielleicht das Baby. Aus einem permanenten, zunächst unverständlichen Wortsalat filtert es einzelne Signalwörter und Strukturen heraus. Je mehr sprachliche Anregungen Kinder bekommen, desto mehr hören sie sich in die rhythmischen Strukturen einer Sprache hinein.
Das günstigste Zeitfenster für das Erlernen der Sprache liegt vor der Einschulung, also im Krippen- bzw. Kindergartenalter. Erhält das Kleinkind während dieses Zeitfensters nicht genügend sprachliche Reize, dann verkümmern Teile seines neuronalen Netzwerks im Gehirn, die für sprachliche Inputs sensibel sind. Mit etwa 4–5 Jahren sind normalerweise die grundlegenden Strukturen der Sprache erlernt.
Leider lassen Wortschatz und Artikulation bei vielen Kindern heute zu wünschen übrig. Dabei stellt Sprach- und Sprechkompetenz Weichen für die zukünftige schulische Entwicklung und ist eine Schlüsselqualifikation für Bildung und Chancengleichheit.
Kleine Kinder sollten deshalb von Anfang an „in Sprache baden". Sie brauchen eine anregende Umgebung, mit Kindern und Erwachsenen, die viel mit ihnen sprechen, alltägliche Handlungen und Spiele mit Sprache begleiten, die sie immer wieder zum Reden anregen. Besonders altersgemischte Gruppen bieten vielfältige Gelegenheiten, Sprachvorbilder zu erleben und kindgerecht zu kommunizieren.
Dabei werden Krippenkinder nicht ohne weiteres in ihren sprachlichen Äußerungen verstanden. Die Erzieherin muss sich erst in die Kinder „hineinhören". Ihre Sprache ist noch telegrammstilartig (Buchstaben/Silben werden weggelassen, durch andere ersetzt), aber oft erstaunlich kreativ. In der vorsprachlichen Phase spielen Gesten und Gebärden eine große Rolle. Diese zu verstehen, fordert Geduld und Einfühlungsvermögen.
Für unter 3-jährige Kinder mit Migrationshintergrund bietet die Krippe eine frühe Gelegenheit, neben ihrer Muttersprache die Zweitsprache „Deutsch" zu erlernen. Je zeitiger sie die Zweitsprache hören und ausprobieren, desto besser gelingt es den Kindern, sie flüssig zu sprechen.

Dabei sollte die Muttersprache allerdings nicht vernachlässigt werden, denn sie ist wesentlich für die eigene Identität. Viele Studien belegen: Kinder, die sich in ihrer Muttersprache sicher ausdrücken können, erwerben diese Fähigkeit auch schnell in der Zweitsprache – vorausgesetzt, die sprachlichen Anregungen in der Zweitsprache sind ausreichend.

Wie Sie sprachfreundliche Räume gestalten können

Räume sprechen eine deutliche Sprache. Sie sollen einladend, gemütlich, kommunikativ wirken.
Je flexibler Raumaufteilung und Mobiliar, desto besser:

- *Bewegliche Wohnlandschaften* (mobile Schränke, Matten, Leinen mit Tüchern …) gestalten ein *mobiles Umfeld*, das Kinder zum Spielen und Sprechen anregt.
- *Kleine Ecken* (Puppenecke, Kuschelecke, Krippenbereich, …) laden ein, sich zurückzuziehen. In kleinen Gruppen fällt das Sprechen meist leichter als im großen Stuhlkreis, wo alle zuhören.
- *Ausrangierte Dinge aus dem Alltag* (Telefon, Kochtöpfe, alte Kleidungsstücke, …) fordern zu Rollenspielen und Experimenten auf.
- *Musikinstrumente* (Gong, Trommel, …) fördern Lauschen, Richtungs-Hören, Gefühl für Rhythmik.
- *Bewegungs-Räume* zum Rennen und Klettern ermöglichen sinnliche Erfahrungen, die sich positiv auf die Sprachentwicklung auswirken.
- *Fingerpuppen* und *Handpuppen* fördern sprachlichen Ausdruck und Kommunikation.
- *Puste-Sachen* (Watte, Flöte, Windmühle, Strohhalme, Luftrüssel, Heulschlauch, …) trainieren spielerisch Atmung und Mundmotorik.
- Ein *Spiegel* erlaubt es, die eigene Mundmotorik und die der Erzieherin zu beobachten.
- Ein *Kassettenrekorder* regt Kinder dazu an, hineinzusprechen und der eigenen Stimme zu lauschen.
- *Erste Spiele*, z. B. Farbspiel, Memory, Bilderlotto, Puzzle … fördern *Wahrnehmung, Denken, Sprechen.*
- Eine *Leseecke* mit Kuschelsofa, Bücherkiste oder -regal ist ein idealer Rahmen, um Bilderbücher anzuschauen.
- *Poster* und *Collagen* an der Wand laden zum Betrachten und Sprechen ein.

Das Verhalten der Erzieherin

- Sprechen Sie mit Kindern von Anfang an, auch mit Babys. Reden Sie in *vollständigen, grammatikalisch richtigen* und *kurzen Sätzen*. Wählen Sie die Worte nach dem *Verständnis des Kindes*, ohne Verkürzungen oder Verniedlichungen zu gebrauchen. Sprechen Sie *langsam* und *deutlich*. Machen Sie *Pausen*.
- Begleiten Sie *alltägliche Handlungen* mit Sprache (z. B. beim Wickeln, Essen).
- Vermeiden Sie es, Kinder auf sprachliche Fehler hinzuweisen. Wiederholen Sie das, was das Kind gesagt hat, *in korrekter Form* („ Mimi haben", sagt vielleicht das Kind und deutet auf die Milch. Die Erzieherin wiederholt: „Du möchtest die Milch haben? Bitte schön!")
- Schaffen Sie ein *Klima der Sicherheit und Geborgenheit*. Beobachten Sie die Signale des Kindes. Versuchen Sie zu spüren, was das Kind gerade braucht. Nur sicher gebundene Kinder spielen und sprechen gern. Unsichere Kinder verstummen.
- Kleine Kinder brauchen *körperliche Nähe* und *Blickkontakt* zur Erzieherin. So können Sie der Erzieherin auf den Mund schauen, ihre Lippenbewegungen beim Sprechen studieren und nachahmen.
- *Hören Sie mit Geduld und Ruhe zu.* Kinder benötigen oft Zeit, bis sie ein Wort oder einen Satz „über die Lippen gebracht haben".
- Versuchen Sie nicht, die Gruppe mit Ihrer Stimme lautstark zu übertönen, wenn der Geräuschpegel ansteigt. Manchmal ist es besser, gerade betont *leise* zu sprechen bzw. ein *akustisches Signal* (Gong, Spieluhr) zu verwenden, damit die Kinder leiser werden und zuhören.
- Erkennen Sie *alltägliche Gruppen-Situationen* (z. B. beim Frühstück, beim Spaziergang, …) als relevant für Sprachförderung. Vermeiden Sie ein isoliertes (didaktisches) Training.
- Drängen Sie *Migrantenkinder* nicht dazu, unbedingt Deutsch zu sprechen. Lieder und Verse können auch mal in einer anderen Sprache gesprochen/gesungen werden. Bei mehrsprachiger Erziehung gilt: Im Verlauf des Sprechens sollte die Erzieherin nicht plötzlich in eine Fremdsprache wechseln. Besser: Eine zweite Erzieherin spricht durchgehend in einer Fremdsprache.
- Gestalten Sie den *Tagesablauf flexibel*. Feste Zeiten und Rituale für bestimmte Abläufe sind zwar sinnvoll, dennoch sollten sie nicht starr gehandhabt werden. Starre Tagesplanung (Stuhlkreis um … Uhr, Essen um … Uhr) kann dazu führen, dass Kinder immer wieder aus ihren Spielen herausgerissen werden. Fördern Sie spontane Spiele in kleinen Gruppen. Hier ergeben sich meist zwanglose sprachliche Dialoge.

- *Beantworten* Sie alle *Fragen* der Kinder kurz und deutlich. Stellen Sie selbst Fragen, ohne den Kindern die Antwort in den Mund zu legen und sie zum Reden zu drängen.
- Achten Sie auf *Auffälligkeiten* (z. B. wenn Babys kaum lallen, wenn Kinder stammeln, stottern, poltern, …, wenn Grammatik / Wortschatz/Sprachverständnis unzureichend sind oder eine generelle Verzögerung der Sprachentwicklung vorliegt). Allerdings sollten Sie immer das Alter/die Entwicklung der Kinder berücksichtigen. Manche Störungen brauchen therapeutische Behandlung! (Kinderarzt, Logopäde)

Wie sich Sprache in den ersten 3 Lebensjahren entwickelt

Manche Kinder sind ausgesprochen sprechfreudig und verfügen schon früh über einen beachtlichen Wortschatz. Andere hingegen sprechen spät, unverständlich, mit wenigen Worten („late talkers"). Dafür sind sie vielleicht in anderen Bereichen weiter entwickelt. Etwa die Hälfte der Kinder holt Defizite/Verzögerungen von allein auf, der Rest braucht therapeutische Hilfe.

1. Lebensjahr *(0–12 Monate)*

Schon im Mutterleib können Kinder die mütterliche Stimme gedämpft wahrnehmen und nach der Geburt wieder erkennen.
Die Sprachentwicklung beginnt mit dem Schreien und einfachen Lautäußerungen: Vokale (a, ä, ähä, hä, …), Gurr- und Explosivlaute (rrr-Ketten), Kehllaute (ech, gu, gr, ng), Blasreiblaute (f, w, s).
Etwa vom zweiten bzw. dritten Monat an produzieren Kinder rhythmische Lautketten (dadada, gegege …). Während dieser *ersten Lallphase* experimentieren Babys mit ihrer Stimme und Atmung. Diese Form des Lallens ist angeboren und hörunabhängig. Es tritt auch bei tauben Kindern auf.
Ab etwa 6 Monaten kommt das Kind in die *zweite Lallphase*. Jetzt hören taube Babys langsam mit dem Lallen auf, da sie weder sich selbst noch die Umgebung hören und nachahmen können. Gesunde Kinder „erzählen", wenn sie sich entspannt fühlen. Sie reihen alle Vokale und Konsonanten, die sie kennen, bunt aneinander. Im 9. bzw. 10. Monat werden vermehrt Doppelsilben gebildet (ma-ma, pa-pa, wa-wa), die allerdings noch keine Wortbedeutung im eigentlichen Sinne haben.

Außerdem können die Kinder bereits:
- auf den eigenen Namen reagieren,
- auf Aufforderungen reagieren („Komm her"),
- Gesten nachahmen (z. B. „Winke-winke"),
- auf einen Gegenstand zeigen, den sie haben möchten,
- Zustimmung oder Ablehnung durch Nicken bzw. Kopfschütteln ausdrücken.

Gegen Ende des ersten Lebensjahres begreifen Kinder, dass Wörter für etwas stehen, dass sie einen Sinn haben. Aus Lallen wird Sprache, wenn das Kind eine Verbindung zwischen Wort und Inhalt herstellt.

2. Lebensjahr *(13–24 Monate)*

Zunächst gebrauchen Kinder nur wenige Wörter/Substantive *(„Einwortsatz")*. Mit diesen ersten Äußerungen können Personen/Dinge benannt, aber auch Wünsche, Bedürfnisse, Gefühle ausgedrückt werden („Wau-wau" gleich Hund, „Mama" kann bedeuten: „Ich habe Hunger". Es kann aber auch bedeuten: „Mama, komm bitte her!").
Manche Wörter werden für mehrere ähnliche Dinge eingesetzt. So steht „Wau-wau" z. B. sowohl für einen Hund als auch für eine Katze oder ein Pferd.
Anfangs verfügen Kinder über 6–10 Wörter, mit 18 Monaten etwa über 50 Wörter und mehr.
Kinder vereinfachen alterstypisch (z. B. „Nane" für Banane), lassen Laute aus („Löffe" für Löffel), verdoppeln Silben („Baba" für Ball) oder ersetzen Laute („Tu" für Schuh).
Zwischen 1,5 und 2 Jahren treten zunehmend *Zweitwortäußerungen* auf.: „Mama ahm" (Mama, ich möchte auf den Arm), „Ball da" (der Ball liegt da), „Ga-ga wawa"(Die Ente schwimmt im Wasser), Kinder verwenden Substantive in der Einzahl, Verben in der Grundform und einzelne Adjektive.
Sie sprechen vorwiegend Laute, die im vorderen Mundbereich gebildet werden (z. B. m, b, p, d, t, n, l, ...). Jetzt treten auch Negationen („Nicht schlafen") und erste Fragen auf, z. B.: „Is das?" *(erstes Fragealter)*.

3. Lebensjahr *(25-30 Monate)*

Etwa im dritten Jahr werden *Mehrwortsätze* mit drei und mehr Wörtern gebildet. Die Sprache ist insgesamt noch telegrammstilartig.
Mehrwortsätze weisen zunehmend grammatische Strukturen mit Subjekt, Prädikat, Objekt auf. Die Wortstellung weicht jedoch von der Sprache der Erwachsenen ab („Nane, gib mir", ...).
Es beginnt die Übergeneralisierung grammatikalischer Regeln („ich denkte" statt ich dachte, „ausgeslaft" statt ausgeschlafen). Dabei zeigen Kinder, dass sie eigentlich grammatikalische Prinzipien verstanden haben.

Nun äußern Kinder auch erste
- Adverbien („da, hier"),
- Possessivpronomen („ mein, dein"),
- Personalpronomen („ich, du"...) – manche nennen sich selbst noch beim Vornamen,
- Präpositionen („in, auf, unter"),
- Artikel („der, die, das"...).

Mit 30 Monaten besteht der Wortschatz aus ca. 450 Wörtern.

Gegen Ende des 3. Lebensjahres können Kinder
- Doppelaufträge verstehen („Bring die Zeitung und mach dann die Tür zu")
- Grundfarben zuordnen
- die meisten Laute korrekt sprechen (bis auf Zischlaute wie s, sch, ch).

Alterstypische Vereinfachungen (z. B. „is" statt ich), Wortneuschöpfungen, („Blumengieße" für Gießkanne, „Postbringer" für Postbote) und entwicklungsbedingte Unflüssigkeiten beim Sprechen können auftreten.
Ende des 3. Lebensjahres beginnt das *zweite Fragealter*. („Wer, wo, wie, was, wann, warum ...). Jetzt bilden Kinder auch Nebensätze. Sie verfügen über 850–950 Wörter. Mit ca. 4 Jahren haben sie die wesentlichen Strukturen der Erstsprache erworben.

Von Anfang an: Mit Babys sprechen

Von Anfang an kommunizieren Eltern und Erzieher mit dem Baby und legen damit wichtige Grundsteine für die Sprachentwicklung. Aber: Was verstehen Babys von dem, was wir ihnen erzählen? Und vor allem: wie äußern sie sich?

Hohe Töne – So hören Babys zu

Erwachsene (Männer wie Frauen) und sogar Kinder fallen in eine Art „Singsang", wenn sie zu Babys sprechen. Sprachwissenschaftler nennen diese instinktgesteuerte Art des Sprechens „Motherese" oder „Ammensprache". So schraubt auch die Erzieherin im Umgang mit Babys intuitiv ihre Stimmlage hoch, spricht melodisch, betont, langsam und deutlich, wiederholt Wörter und Silben. Diese Form der Ansprache kann von Babys ideal aufgenommen und verarbeitet werden.
Darüber hinaus kommt durch Körpersprache und Tonfall der emotionale Gehalt des Gesagten als Botschaft bei ihnen an. Dies führt dazu, dass die Kleinen auf das Klima in ihrer Umgebung prompt reagieren (z. B. skeptisch schauen, wenn die Erzieherin dies tut, weinen, wenn andere Kinder weinen etc.).

„Halli-Hallo"

Alter/Entwicklungsstand: 6 Monate (und jünger)
Mitspieler: 1 Kind (gemeinsam mit anderen Kindern)
Ort/Raum: Gruppenraum
Spielanleitung: Lagern Sie das Baby so, dass es das Spiel der anderen Kinder beobachten kann. Wenn Sie das Kind auf dem Arm tragen, dann gehen Sie so durch den Raum, dass es den anderen Kindern zugewandt ist. Vielleicht „besuchen" Sie gemeinsam mit dem Baby die älteren Kinder (in der Bauecke, in der Puppenecke ...) und schauen ihnen beim Spielen zu. Sagen Sie den anderen Kindern „Hallo", und lassen Sie auch die anderen Kinder zu dem Baby sprechen. Intuitiv werden Sie und auch die anderen Kinder in der richtigen Tonlage reden und die passende Satzmelodie wählen.
Hinweise: Manchmal sollten Sie zwischen jüngeren und älteren Kindern „vermitteln". Zuweilen neigen (ältere) Kinder dazu, Babys unangemessen zu „bemuttern".

Hier könnte die Erzieherin den Großen die Gefühle des Babys zu erklären versuchen („Ich glaube, Marco möchte jetzt nicht auf deinen Arm. Er möchte lieber spielen"). Beobachtung von Babys („baby-watching") kann bei Kindergartenkindern Einfühlungsvermögen und soziales Lernen fördern.

„Schau mich an!" – Sich gegenseitig nachahmen

Schon junge Babys ahmen instinktiv die Mimik ihrer Eltern und Erzieher nach. Sie studieren Lippenbewegungen und Zunge des Gegenübers und imitieren genau diese Bewegungen, indem sie die eigene Mimik entsprechend steuern. Aber auch Erwachsene ahmen intuitiv den Gesichtsausdruck des Kindes nach, indem sie, wie das Kind es tut, lächeln, die Stirn runzeln, den Mund aufreißen, die Augen rollen und manchmal sogar komische Grimassen schneiden.

Spiegel-Grimassen

Alter/Entwicklungsstand: 6 Monate (auch jünger – das Spiel ist schon mit wenige Wochen alten Babys möglich)
Mitspieler: 1–3 Kinder
Ort/Raum: Wickeltisch, Krippenbereich, Kuschelecke
Spielanleitung: Versuchen Sie vor dem Baby wie ein Komiker Grimassen zu schneiden. Gerade übertriebene Gebärden scheinen der kindlichen Aufmerksamkeit besonders zu entsprechen. Rollen Sie z. B. die Augen, öffnen und schließen den Mund, runzeln die Stirn, werfen übertrieben den Kopf zurück, lächeln ... Vielfach beantworten Babys diese Grimassen, indem sie das Gesehene direkt nachahmen oder zumindest ihr Interesse mit Stirnrunzeln, Mundöffnen oder andere Ausdruckformen kundtun.
Variation (für Einjährige): Setzen Sie sich mit dem Kind (auch mit mehreren Kindern) vor einen Spiegel.
Machen Sie Bewegungen vor dem Spiegel und/oder schneiden Sie Grimassen. Sprechen Sie mit dem Spiegelbild, sodass die Kinder Gesichtsausdruck und Mundbewegungen beobachten und eventuell nachahmen können. Auch Lieder und Fingerspiele können vor einem Spiegel gespielt bzw. gesungen werden.

„So geht es mir heut'!" – Körpersprache

Babys sind von Anfang an auf Kommunikation angelegt. Mit vielen Signalen zeigen sie der Erzieherin, was sie gerade brauchen. Das Kind lernt, ob die Erzieherin seine Signale (Gesichtsausdruck, Laute, Körpersprache) beachtet und seine Bedürfnisse befriedigt oder nicht. Bei dauernder Nichtbeachtung reagieren Kinder mit Rückzug, Verzweiflung, Aggression, nachlassendem Spiel-Interesse, Stagnation in der Sprachentwicklung. Deshalb gilt: Häufiger Blickkontakt, sensible Beobachtung des Kindes, Eingehen auf kindliche Bedürfnisse und eine stabile Bindung zwischen Kind und Erzieherin sind die Basis jeder Krippenerziehung und Sprachförderung.

Kleiner Check-up der Baby-Signale

- *Ruhig und aufmerksam:* motorisch gelassen, Gesicht entspannt, Augen geöffnet, Blick klar, interessiert, beobachtend
- *Wach und erzählend:* motorisch aktiv, gibt Laute/Silben von sich, ist auf sich selbst oder Umwelt bezogen. *Idealer Zeitpunkt für Zwiegespräche und Spiele!*
- *Unruhig, unzufrieden:* quengelt, zappelt, wenn Ursache beseitigt wird, wechselt die Stimmung meist von „unzufrieden" in Richtung „zufrieden".
- *Weinen:* zappelt, weint anhaltend (Hunger, Durst, Schmerz, Überstimulation, Müdigkeit ...)
- *Stopp-Signale:* Kopf und Körper werden weggedreht, Blickkontakt abgebrochen, Gähnen, mattes, teilnahmsloses Gesicht, Treten, Überstrecken des Körpers, Schreien, ... Hier sollte die Erzieherin den Bedürfnissen des Kindes „auf den Grund gehen" und entsprechend reagieren (z. B. ein Spiel abbrechen, trösten, das Kind zum Schlafen hinlegen ...).

Warum weint der Bär? – Hat er es schwer?

Alter/Entwicklungsstand: ab 2 Jahre
Mitspieler: je nach Gruppensituation
Material: Teddybär, Handpuppe

Hinweise: Neben der Beobachtung der kindlichen Signale (und Befriedigung der grundlegenden Bedürfnisse) können Sie insgesamt in der Kindergruppe zu einem Klima beitragen, in dem die Kinder einfühlsam miteinander umgehen. Erste Imitations- und Rollenspiele können für die Gefühle anderer sensibilisieren.

Spielanleitung:

Spielen Sie mit einem Teddybären oder einer Handpuppe verschiedene Gefühlslagen: Lassen Sie den Teddy

- vor Freude lachen und springen,
- vor Schmerz weinen (weil er hingefallen ist),
- sich aus Angst verstecken,
- vor Hunger nach Essen suchen,
- vor Müdigkeit gähnen und quengeln,
- vor Wut stampfen und um sich schlagen …

Beobachten Sie, wie die Kinder darauf reagieren. Vielleicht versuchen sie, den weinenden Teddy zu trösten, ihn ins Bett zu legen („Bär weint, … Bett gehen"), ihn zu füttern, ein Pflaster auf den „verletzten" Arm zu kleben usw.

Groß und Klein zusammen: Für ältere Kinder (im 3. Lebensjahr) können Sie Fotos von Kindern mit verschiedenem Gesichtsausdruck aus Zeitschriften ausschneiden und benennen lassen oder verschiedene Gefühle bei Bewegungsspielen darstellen („Wir hüpfen, wir sind so lustig", „Wir gehen ganz krumm, weil wir traurig sind", „Wir haben Angst und rennen").

Die Sprache der Gefühle

Die Entwicklung der Gefühle wird im 1. Lebensjahr immer differenzierter. So berührt z. B. ein Baby ein anderes, führt mit ihm vorsprachliche Dialoge, zeigt „Mitgefühl" bzw. ahmt Gefühle nach (weint mit, wenn ein anderes Kind weint, lacht mit anderen gemeinsam …).

Im 2. Lebensjahr kann die Erzieherin auch Gefühle sprachlich benennen („Bist du jetzt traurig?" … „Hat Teddy Angst?") Der passive Wortschatz für Gefühle ist größer als der aktive. Den Kindern gelingt das Benennen von Gefühlen meist erst gegen Ende des 2., Anfang des 3. Lebensjahres („Sofie traurig").

„Ma-ma" und „wau-wau" – Vom Lallen zum ersten Wort

Wer Babys beobachtet, stellt fest, dass sie von sich aus Silben, Laute und Laut-Verdoppelungen von sich geben. Diese spielerische Laut- und Silbenbildung dient dem Training der Sprechorgane. Hier findet sich Gelegenheit, mit dem Baby aktiv zu kommunizieren und mit ihm in einen spielerischen Dialog zu kommen. Auf dem Wickeltisch, in der Kuschelecke, immer wenn das Baby wach, entspannt und aufnahmebereit ist und Sie sich ihm zuwenden, können erste „Unterhaltungen" beginnen.

„La-la-la"– Kleine Unterhaltung

Alter/Entwicklungsstand: 6 Monate (und früher)
Mitspieler: 1 Kind
Ort/Raum: Wickeltisch, Krippenbereich, Kuschelecke
Hinweise: Gibt das Kind Laute von sich und „erzählt"? Antworten Sie ihm oder sprechen Sie es von sich aus an! Kombinieren Sie dies gegebenenfalls mit einem betonten Mienenspiel bzw. passenden Gebärden. Durch wiederkehrende Wahrnehmung des Gehörten werden Neuronenverbindungen im Gehirn aktiviert und stabilisiert.
Spielanleitung: Setzen oder stellen Sie sich so vor das Baby, dass es Ihr Gesicht und Ihre Lippenbewegungen beobachten kann. Wiederholen Sie die Laute/Silben, die das Baby von sich gibt. Vielleicht entsteht eine wechselseitige Unterhaltung. Sie können die Silben auch erweitern, variieren, mit einfachen Wörtern und Fragen verbinden (variierende Wiederholung).
Groß und klein zusammen: Ältere Kinder können ebenso mit einem Baby sprechen. Sie brauchen nicht zu befürchten, dass sich die Großen „zurückentwickeln" und fortan in Babysprache reden. Die Wortspiele mit dem Baby fördern Einfühlungsvermögen bei den Großen und geben dem Baby wichtige Anregungen.

4.

Mit Sprache durch den Alltag

Sprache lernen Kinder am besten in einer sprachlich anregenden Umgebung, in der sie im wahrsten Sinne des Wortes ein tägliches „Sprachbad" nehmen können. Alltägliche Situationen ermöglichen situationsbezogene Sprachförderung.

„Schau, was ich tue!" – Tätigkeiten mit Sprache begleiten

Verbinden Sie alltägliche Handlungen im Tagesablauf möglichst mit deutlicher Sprache, die Sie zusätzlich mit eindeutigen Gesten begleiten. Sagen Sie z. B., wenn Sie einen Ball aufheben: „Ich hebe den Ball auf!" Vielleicht geben Sie den Kindern den Ball zum Fühlen, lassen sie spielerisch seine Funktion mit allen Sinnen erfahren. So fördert das Greifen ein Be-Greifen und schließlich die Begriffsbildung: *Sage, was du tust und tue, was du sagst!*

Von A–Z: In Wörtern „baden"

Alter/Entwicklungsstand: 6 Monate (und früher – selbst wenn die eigentliche Wortbedeutung noch nicht verstanden wird)
Mitspieler: 1 Kind und/oder kleine Gruppe
Hinweise: Handlungsbezogene Sprache ist die Voraussetzung für Sprachverstehen und Sprechen. Begleiten Sie Vorgänge mit Worten, die das Kind im Moment wirklich interessieren, die seine Aufmerksamkeit fesseln.
Spielanleitung: Kommentieren Sie alltägliche Vorgänge, z. B.:

- *Ankunft, Abschied* (kleine Dialoge und Rituale),
- *Essen* (Nahrungsmittel schmecken und benennen),
- *Wickeln, Anziehen, Körperpflege* (Benennen von Körperteilen, ...),
- *Kuscheln, Schlafen, Aufwachen* ... (zärtliche Zwiegespräche führen),
- *Hilfe in Haus und Garten* (Gegenstände wie Tasse, Teller, ... und Tätigkeiten benennen wie Tisch abwischen, ...),
- *Spielen* (Dinge berühren, untersuchen, ..., Spielzeuge, Tätigkeiten, Eigenschaften, Materialien, Arbeitsschritte benennen: „Jetzt knete ich den Ton", ... „Ich baue einen Turm", ... „Der Sand ist heiß", ...),

- *Bewegungen:* „Wir gehen, rennen, rutschen, springen, …“),
- *Menschen, Tiere, Pflanzen, Umwelt* (Beobachten Sie Sonne, Wolken, Schnee, Wind, …: „Der Regen ist nass“, „Der Schnee ist kalt“ sowie Menschen und das, was sie tun und erleben).

Viele Vorgänge in der Umwelt (das Müllauto kommt, der Bagger buddelt, …) interessieren schon die Kleinsten. Auch Tiere und Pflanzen kann man gut beobachten und beschreiben („Was kriecht da im Garten?“ – Kind: „Eine Necke“ – Erzieherin: „Genau, eine Schnecke. Sie trägt ihr Haus auf dem Rücken.“).

„Hol mir mal …!“ – Kleine Aufträge

Kleinkinder haben einen ausgeprägten Drang zu eigenständigem Tun. Schnell entpuppen sie sich als kleine Helfer. Nein, sie wollen nicht mehr passiv im Kinderwagen gefahren werden. Sie möchten aussteigen und selber schieben. Zudem fühlt sich so mancher Zweijährige „perfekt“ im Staubsaugen, Fegen oder Abwaschen, und schon Einjährige holen begeistert Dinge herbei, wenn die Erzieherin sie benennt.

Der Mini-Auftrags-Dienst

Alter/Entwicklungsstand: ab 1 Jahr
Mitspieler: 1-2 Kinder (auch als Gruppenspiel möglich)
Material: mindestens 1 Gegenstand (am besten Spielzeug)
Hinweise: Schon gegen Ende des 1. Lebensjahres suchen Kinder nach einem Gegenstand, wenn man ihn benennt. Allerdings vergessen sie die Frage („Wo ist der Teddy?“) auch rasch wieder, wenn das Stofftier nicht gleich entdeckt wird. Auch Aufforderungen oder Aufträge („Bring mir“ …) geraten manchmal noch während der Durchführung in Vergessenheit.
Spielanleitung: Was interessiert das Kind im Augenblick am meisten? Der Ball dort drüben? Das Auto in der Ecke? Nehmen Sie Blickkontakt mit dem Kind auf und zeigen Sie auf den Gegenstand, den das Kind herbeiholen soll? Vielleicht sagen Sie deutlich: „Hol mir (bitte) das Auto!“ Hat das Kind die Aufforderung verstanden und ist es motiviert? Freuen Sie sich mit dem Kind, wenn es den Auftrag ausgeführt hat. Vielleicht beginnen Sie eine Spielhandlung mit dem Kind und dem herbeigeholten Auto.
Groß und Klein zusammen: Solche Wunsch- oder Hol-Spiele können Sie auch mit älteren Kindern spielen, z. B. im Stuhlkreis. Jedes Kind äußert einen Wunsch: Die

Kleinen sagen vielleicht einfach nur „Ball". Ältere Kinder äußern sich in einem Satz: „Ich wünsche mir ein kleines, rotes Auto." Aber wer führt den Auftrag aus und holt das Ding herbei? Vielleicht zeigt der Spieler auf ein anderes Kind, das nun losgehen soll, um den Gegenstand zu suchen.

Variation: Spielen Sie „Flaschendrehen". Flasche um die eigene Achse auf dem Boden „kreiseln" lassen. Auf welches Kind zeigt der Flaschenhals? Das so gewählte Kind steht auf und führt den Auftrag aus.

„Wie heißt das?" – Fragen und Antworten

Während Einjährige in Einwortsätzen sprechen, beginnen Kinder ab Mitte des 2. Lebensjahres mit Zweiwortsätzen, denen dann Dreiwortsätze folgen.

Ab Mitte des zweiten Lebensjahres kommen Kinder auch in das sog. 1. Fragealter. Sie zeigen auf viele Gegenstände und wollen wissen, wie sie heißen. („Isch das?", „Das da?"). Das Kind fragt noch nicht mit Fragepronomen, sondern nutzt die Satzmelodie/steigende Intonation. Ab 3 Jahren stellen Kinder viele W-Fragen (2. Fragealter): Wer, was, wie, wo, warum …?

Beantworten Sie möglichst alle Fragen des Kindes einfach und deutlich.

Richten Sie selbst Fragen an das Kind und geben Sie ihm Zeit für eine Antwort.

Frage-Antwort-Spiele

Alter/Entwicklungsstand: ab 2 bzw. 2,5 Jahre (je nach Frageverständnis)
Mitspieler: Kleingruppe
Material: Ball
Ort/Raum: Gruppenraum, Bewegungsraum
Spielanleitung:

- „Mu, mu, mu, wie heißt du?" Zu dem Spruch rollen Sie einem Kind im Kreis den Ball zu und fragen nach seinem Namen. Der Ball geht reihum, von Kind zu Kind (auch für neue Kinder zum Kennenlernen).
- Stellen Sie eine einfache Fragen aus dem Alltag der Kinder („Was isst du heute zum Frühstück?", …). Wieder wird der Ball von Kind zu Kind gerollt. Das Kind, das den Ball mit seinen Händen aufgenommen hat, antwortet. Achten Sie darauf, dass Kinder nicht zur Antwort gedrängt werden. Unterstützen Sie das Kind ggf. bei der Wortfindung.

- Spielen Sie Farben-Raten (ab 3 Jahre): „Welche Farbe haben meine Schuhe?“… „Welche Farbe hat mein Pullover?“ usw.
- Spielen Sie: „Ich sehe was, was ist denn das? Legen Sie (je nach Alter der Kinder) ca. 6 Gegenstände in die Kreismitte. Dann sagen Sie: „Ich sehe was, was ist denn das? Das Ding (Tier) hat vier Beine.“ Die Kinder raten vielleicht: „Hund da“ – und zeigen auf das Stofftier. Oder: „Aus dem Ding kann ich trinken“… „Das Ding macht „klinge-ling“.

Durch Fragen zum Sprechen und Erzählen anregen

Lea: *„Hund Wurst aufagesse“.*
Erzieherin: *„Der Hund hat die Wurst aufgegessen?“*
Lea: *„Wurst wiedaholen ...“*
Erzieherin: *„Was macht der Mann?“*
Lea: *„Lauft ...“*
Erzieherin: *"Der Mann läuft hinter dem Hund her? Was macht der Mann mit dem Stock?“*
Lea: *„Hauen“.*
Erzieherin. *„Der Mann will den Hund mit dem Stock hauen? ... Aber warum denn?“*
Lea: *„Hund böse“ ...*

- Stellen Sie Fragen klar und deutlich, sodass sie vom Kind verstanden werden.
- Stellen Sie Fragen so, dass sie nicht bloß mit ja oder nein beantwortet werden. Fragen sollen zum Denken und Weitersprechen anregen.
- Was malst du da? Erzähl mal! ... Was macht die Katze auf dem Bild? ... Schau mal aus dem Fenster! Was siehst du? ...

Allerdings sollten zurückhaltende Kinder nicht mit Fragen bedrängt werden.

5.

Wo ist der Bär? Verstecken und Suchen

Alter/Entwicklungsstand: ab 1 bzw. 1,5 Jahren
Mitspieler: 1 Kind (auch als Gruppenspiel möglich)
Material: 1 Tuch, mehrere Spielzeuge (z. B. Stofftiere)
Hinweise: Erkennt das Kind schon, dass Dinge weiter existieren, auch wenn es sie nicht sieht?
Spielanleitung: Bei den Einjährigen wählen Sie zunächst die einfache Variante: Verstecken Sie einen Ball oder ein anderes Spielzeug unter einem Tuch. Ziehen Sie anschließend das Tuch wieder weg und sagen: „Ball" oder: „Da ist der Ball". Wiederholen Sie das Spiel mehrfach. Manche Kinder sagen jetzt von sich aus „Ball" oder „daaaaa" und freuen sich sichtlich über das hervorgezauberte Spielzeug.
Weitere Möglichkeiten:

- Legen Sie dem Kind ein Tuch über den Kopf („Wo ist Maren?") und ziehen Sie es wieder weg („Da ist Maren.").
- Legen Sie anderen Kindern im Kreis ein Tuch über den Kopf („Wo ist Max?"... „Wo ist Carmen?").
- Legen Sie das Tuch über verschiedene Körperteile („Wo ist der Fuß?" „Da ist der Fuß!"... „Wo ist die Hand?").
- Lassen Sie eine kleine Stoffmaus, einen Hund u. ä. umherlaufen. Die Kinder beobachten die Bewegung des Tieres, z. B. auf dem Stuhl, auf dem Tisch. Schließlich schlüpft es unter eine Spielzeugkiste. Lassen Sie die Kinder die Maus befreien: „Da ist die Maus!"
- Verstecken Sie nun ein Spielzeug (z. B. im Krippenbereich), ohne dass die Kinder gesehen haben, wohin Sie es legen. Fragen Sie z. B. „Wo ist der Teddy?" Lassen Sie die Kinder danach suchen.
- Auch ein Kind kann sich im Raum verstecken und wieder auftauchen.

Sprachrituale im Tageslauf

Kinder brauchen rhythmisch wiederkehrende, verlässliche und damit Sinn gebende Abläufe. Solche lieben Gewohnheiten schaffen ordnende Strukturen in einem manchmal unübersichtlich gewordenen Alltag, geben Orientierung, Sicherheit und Geborgenheit. Dies ist gerade bei Kindern wichtig, die ganztags außerhalb der Familie betreut werden und mit Trennungssituationen immer wieder umgehen müssen.

„Guten Morgen" und „Goodbye" – Begrüßung und Abschied

Manchmal gelingt der morgendliche Abschied von Mutter und Vater „kinderleicht", zuweilen ist er von Angst, Trauer, Wut und anderen Gefühlen begleitet. Wichtig ist: Das Kind sollte jeden Morgen persönlich begrüßt werden (möglichst von derselben Erzieherin). Eine liebevolle Geste, eine zärtliche Berührung, ein kleiner Dialog („Guten Morgen, Jonas … Wie hast du geschlafen? … Oh, du hast ja eine neue Mütze!"… Komm, wir sagen der Mama auf Wiedersehen …") können den Abschied erleichtern.

Guten Morgen, guten Morgen

Alter/Entwicklungsstand: ab 10 Monate
Mitspieler: 1 Kind oder Kindergruppe
Material: eventuell Tuch zum Winken
Spielanleitung: Das Spiel kann direkt nach der Ankunft gespielt werden oder gemeinsam im Morgenkreis. Ganz kleine Kinder sitzen vielleicht auf dem Schoß der Erzieherin.

Guten Morgen, guten Morgen
winken wir uns zu!
Guten Morgen, guten Morgen,
sagen ich und du.
Hallooo, hallooo …

Sprechen oder singen Sie den Vers und winken Sie dabei mit der Hand, mit einem Tuch oder einer Stoffwindel.

Guten Morgen, guten Morgen
klatschen wir uns zu!
Guten Morgen, guten Morgen,
klatschen ich und du.
Pitsch-patsch, pitsch-patsch.
Überliefert

Bei der zweiten Strophe klatschen Sie in die Hände und patschen zum Schluss auf die Arme, Hände oder Beine des Kindes (der Kinder).

Variation: Für ältere Kinder können Sie das Spiel erweitern, z. B. mit „klingeln wir uns zu (mit einer Glocke läuten), trommeln, stampfen, pusten, lachen … wir uns zu". Die Kinder dürfen neue Begrüßungs-Wörter finden!

Wir sagen: „Auf Wiedersehn"

Alter/Entwicklungsstand: ab 10 Monate
Mitspieler: Klein- oder Großgruppe
Material: eventuell heller Gong, Klangschale, Zymbeln

Du Uhr schlägt ***bum,***
die Zeit ist ***um.***
Das Spiel ist ***aus.***
Wir geh'n nach ***Haus'.***
Auf Wiederseh, auf Wiedersehn
wir müssen jetzt nach Hause geh'n.
Die Uhr schlägt ***bum,***
die Zeit ist ***um.***
Überliefert

Singen oder sprechen Sie den Text.
Schlagen Sie (bei den fett gedruckten Textstellen) auf einen Gong oder klatschen Sie dazu!

Bei „Auf Wiedersehn" winken Sie sich gegenseitig zu.
Zum Schluss ertönt wieder der Gong oder lautes Klatschen.

Hinweise: Besprechen Sie mit den Eltern, dass die Kinder so pünktlich wie möglich abgeholt werden. Das Abschiedsritual sollte der Auftakt für ein Abschiednehmen von der Erzieherin bzw. Signal zur Übergabe des Kindes an die Eltern und Begrüßung von Mutter/Vater sein.

„Guten Appetit" – Sprüche zum Essen

Leiten Sie das Frühstück, Mittagessen oder die Nachmittagsvesper mit einem Signal (Lied, Reim) ein. Das Essen eignet sich besonders dazu, Nahrungsmittel zu betrachten, zu schmecken, zu benennen. Was gibt es zu essen? Wie schmeckt es dir? Sehen, fühlen, riechen, schmecken ... eignen sich besonders zur Begriffsbildung. Achten Sie auf eine ruhige Atmosphäre beim Essen und führen Sie schon früh Tischregeln ein. Das erleichtert Tischgespräche.

Piep, piep, piep, guten Appetit!
Jeder esse, was er kann,
nur nicht seinen Nebenmann.
Piep, piep, piep, ich hab' euch alle lieb.
Überliefert

Alle Kinder fassen sich bei Tisch an den Händen und wünschen sich einen guten Appetit.

Hinweise: „Piep" ist ein lautmalendes Wort, das kleinen Kindern großen Spaß macht. Ganz nebenbei erfahren sie, dass „piep", „Appetit" und „lieb" ähnlich klingen/sich reimen.

Tipp: Poster, Kartenspiel oder Speisekarte? (ab 2 Jahre)

- Schneiden Sie mit älteren Kindern Nahrungsmittel aus Zeitschriften aus, z. B. Apfel, Banane, Brötchen/Brot, Nudeln, Kekse, ... Kleben Sie die Bilder auf ein großes Stück Tapete an eine Wand.
- Gestalten Sie ein *„Kartenspiel"* aus Bierdeckeln. Die älteren Kinder kleben auf jeden Deckel ein bekanntes Nahrungsmittel. Vor dem Essen können Sie fragen: „Wer hat so etwas (einen ...) mit?" und die jeweilige Karte hochhalten. Wer zeigt das passende Nahrungsmittel auf seinem Teller bzw. kann schon den Namen (Begriff) sagen?
- Kleben Sie in ein Ringbuch auf jedes Blatt ein Nahrungsmittel. Vor dem Essen blättern wir in der *„Speisekarte"*. Vielleicht entdecken wir die Nudeln, die es zu Mittag gibt, oder den Pudding wieder.

„Linkes Bein, rechtes Bein" · Waschen, wickeln, ...

Nutzen Sie Wickeln, Körperpflege und Anziehen für ein Spiel, das Sie mit rhythmischer Sprache begleiten. Hier haben Sie ein optimales Klima für persönliche, situationsbezogene Sprachförderung. Die Nähe zur Erzieherin, der positive Körperkontakt gestaltet kommunikative Rahmenbedingungen, in denen sprachliche Anregungen ideal aufgenommen und beantwortet werden können.

Händewaschen

Alter/Entwicklungsstand: ab 1 Jahr
Mitspieler: 1 Kind
Ort/Raum: Waschraum

Alle meine Hände
schwimmen in dem See,
schwimmen in dem See,
tauchen einmal unter,
fliegen in die Höh'.
Überliefert

Das Kind hält seine Hände unter das laufende Wasser und wäscht sie (mit Seife) …
Nach dem Abspülen (Untertauchen) fliegen die Hände in „die Höhe". Das Kind hebt sie in die Luft und schüttelt sie aus. Dann kommt das Handtuch.

Variation (ab 6 Monate): Wenn Sie das ganze Kind waschen oder duschen, können Sie einfach *„Alle meine Entchen"* singen. Bei *fliegen in die Höh'* heben Sie das (nasse) Kind in die Höhe und lassen es auf einem Handtuch landen.

Abtrocknen

Alter/Entwicklungsstand: ab 6 Monate
Mitspieler: 1 Kind
Material: Handtuch
Ort/Raum: Waschraum, Wickeltisch

Ratz-fatz,
rubbel-di-katz,
ganz geschwind,

Trocknen Sie zu dem Vers die Hände/Arme des Kindes (je nach Situation auch Füße/Beine, Bauch, Rücken, Po, Gesicht, Haare …).

schnell wie der Wind,
ist trocken nun das ganze Kind.
Autorin

Hinweis: „Ratz-fatz“, „-katz“, „geschwind“, „Wind“, „Kind“ … reimen sich und werden zu einer witzigen Wortspielerei, die das Gefühl für rhythmische Sprache fördert.

Wie heißt das? – Körperteile benennen

Zählen Sie während des Waschens/Duschens die einzelnen Körperteile des Kindes auf. Je nach Alter des Kindes nennen Sie einzelne Wörter (Hand, Bein, Bauch, Po …) bzw. sprechen Mehrwortsätze („Ich wasche deine Beine“… „Jetzt wasche ich deine Beine sauber“). Selbst wenn der Satz etwas länger ist, sind Kinder in der Lage, bekannte „Schlüsselwörter“ aus dem Gehörten herauszufiltern.
Tipp: Hängen Sie ein Poster vom Körper (auch eine große Anziehpuppe) an die Wand. Die Kinder können auf Körperteile/Kleidungsstücke deuten und sie benennen.

Windel wechseln

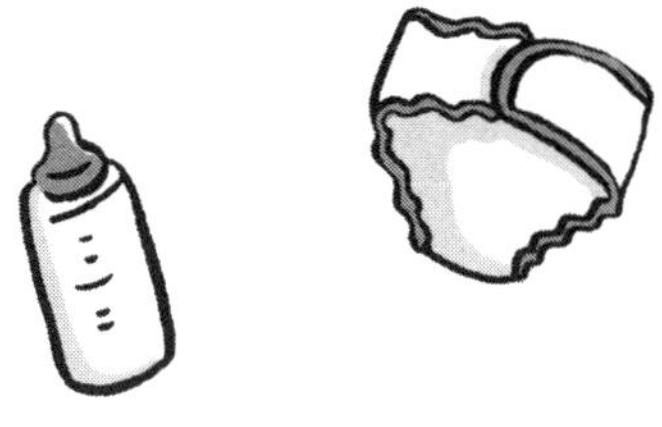

Alter/Entwicklungsstand: ab 6 Monate
Mitspieler: 1 Kind
Material: Windel
Ort/Raum: Wickeltisch

Eine Windel für die Maus,
eine Windel für die Laus.
Eine Windel für das Kind,
wickel-wackel ganz geschwind!

Sprechen Sie die Verse während des Wickelns. Sprechen Sie betont langsam mit entsprechenden Pausen …

Windel auf …, Windel zu!
Sauber und trocken bist du!
Autorin

Bei „sauber und trocken bist du" kitzeln Sie das Kind und/oder heben es in die Luft, um es zu „necken".

Tipp: Babys sollten liegend (in Rückenlage) gewickelt werden. Bei älteren Kindern kann der Windelwechsel – entsprechend ihren motorischen Fähigkeiten – auch in anderen Positionen erfolgen, z. B. stehend, halb sitzend usw.

Anziehen

Zählen Sie während des Anziehens die einzelnen Kleidungsstücke (Hose, Strümpfe, Schuhe, …) bzw. Tätigkeiten auf („Strümpfe anziehen", „Jacke zuknöpfen", „Mütze aufsetzen"). Während des Anziehens ist oft auch Zeit für einen kleinen Dialog mit dem Kind, z. B. (Erzieherin): „Jetzt ziehe ich dir die Stiefel an". Kind: „Stiefel Mama kauft". Erzieherin: „Deine Mama hat dir die Stiefel gekauft?" Kind nickt zustimmend und strahlt.

Hampelmann

Alter/Entwicklungsstand: ab 1 Jahr
Mitspieler: 1 Kind (oder Kindergruppe)
Ort/Raum: Gruppenraum, Wickeltisch, Garderobe

Jetzt zieht Hampelmann,
jetzt zieht Hampelmann
sich seine Schuhe an, …
(Hose, Jacke, Handschuhe, Mütze, …)

Singen Sie während des Anziehens das Lied vom Hampelmann. Fügen Sie im Text das Kleidungsstück ein, das Sie dem Kind gerade anziehen.

Oh du mein Hampelmann,
mein Hampelmann,
mein Hampelmann,

Beim Refrain klatschen Sie eventuell in die Hände.

oh du mein Hampelmann
wie schön, wie schön
bist du!
Überliefert

Hinweise: Beobachten Sie, welche Kleidungsstücke das Kind schon allein anziehen kann. Unterstützen Sie es in seiner Eigenständigkeit!
Variation (ab 2 Jahre): Spielen Sie das Spiel als Gruppenspiel im (Stuhl)-Kreis: Ziehen Sie pantomimisch Kleidungsstücke (Schuhe, Strümpfe, ...) an. Beim Refrain springen und klatschen Sie dazu.
Groß und Klein zusammen: Spielen Sie ein Ratespiel vor dem Anziehen in der Garderobe:
Heben Sie ein Kleidungsstück nach dem anderen in die Höhe und fragen Sie dazu: „Wie heißt das?"... „Wem gehört das?"
Je nach Alter der Kinder können Sie auch zusätzliche Fragen stellen, z. B.: „Welche Farbe haben die Schuhe?"
Ganz zum Schluss werden alle Sachen zum Anziehen „freigegeben".

Auf den Rhythmus kommt es an: Reime und Singsang

Durch Reime, Fingerspiele und Bewegungslieder können Babys und Kleinkinder spielerisch leicht sprachliche Strukturen erfassen. Betonte, rhythmische Sprache, einfache Melodien, Lautmalereien („Tsch-Tsch- Eisenbahn", „Gi-ga-gack"...), begleitet von Gesten und Bewegungen, tragen dazu bei, dass Sprache sinnlich-handelnd erfahren wird. Fingerspiele wirken sich positiv auf die Reifung des Sprachzentrums aus, fördern die Zusammenarbeit der rechten und linken Gehirnhälfte und bringen dazu jede Menge Spaß.

„Das ist der Daumen" - Fingerspiele

Schon Säuglinge betrachten ihre Finger, benutzen sie als praktisches Spielzeug. Dazu gurren, quietschen, lallen sie zufrieden, gestalten einen Zusammenklang von Bewegungen, Lauten, Silben und ersten Wörtern.

Fingerspaß für Krabbelfinger

Alter/Entwicklungsstand: ab 6 Monate (bzw. 1 Jahr)
Mitspieler: 1 Kind (oder Kindergruppe)
Ort/Raum: Krippenbereich, Kuschelecke, Wickeltisch
Hinweise: Erste Fingerspiele können zwischen Erzieherin und Baby, aber auch zwischen einem älteren Kindergartenkind und einem Baby gespielt werden.

Das ist der Daumen,
der schüttelt die Pflaumen,
der liest sie auf,
der trägt sie nach Haus,
und der kleine Schelm
isst sie alle auf.
Überliefert

Tippen Sie nacheinander die einzelnen Finger der rechten/linken Hand des Kindes an. Im zweiten Lebensjahr können die Kinder von sich aus einen Finger nach dem anderen zum Text bewegen.

Variation: Verwenden Sie die Verse beim Fingerwaschen oder Nägelschneiden!

Groß und klein zusammen: Ältere Kinder zeichnen sich auf jeden Finger ein lachendes Gesicht. Man kann auch auf jeden Finger eine Wattekugel oder einen spitzen Hut setzen.

Kommt ein Mäuschen,	Die Hände laufen als „Mäuschen" über den Tisch,
baut sich ein Häuschen,	deuten ein Hausdach an,
kommt ein Mückchen,	krabbeln als „Mücke",
baut ein Brückchen,	werden als „Brücke" übereinander gelegt.
kommt ein Floh	Zum Schluss darf sich das Kind mit einem
und der piekt so!!!	Finger selbst pieken oder wird gepiekt.

Überliefert

Steigt ein Büblein auf den Baum.	Eine Hand spielt den „Baum", die andere
Steigt so hoch, man sieht es kaum.	das kletternde „Büblein".
Hüpft von Ast zu Ästchen,	Das „Büblein" hüpft von Finger zu Finger.
schlüpft ins Vogelnestchen.	Dann schlüpft es in die andere Hand (Nest).
Ei, da knackt es,	Beide Hände klatschen wechselseitig …
hei, da kracht es,	
plumps, da liegt es unten.	Bei „plumps" fallen die Hände runter auf die Erde.

Überliefert

Die kleine Raupe

Alter/Entwicklungsstand: ab 2 Jahre
Material: Taschentuch

Die kleine Raupe ist nie satt,	Legen Sie ein Taschentuch in die
sie krabbelt auf ein grünes Blatt.	Handfläche, und krabbeln Sie mit den
Sie frisst und frisst,	Fingern einer Hand auf das Taschen-
und wird ganz matt.	tuch. Deuten Sie das „Fressen" an,
Da schläft sie ein auf ihrem Blatt.	bevor Sie die Hand zu einer Faust
Nach vielen Tagen,	ballen. – Dann öffnen Sie die Faust,
welch ein Ding,	ergreifen das Taschentuch und lassen
da wird aus unsrer Raupe	den „Schmetterling" davonfliegen.
ein bunter Schmetterling.	

Autorin

Variation: Nachdem Sie das Spiel vor den Kindern vorgespielt haben, geben Sie jedem Kind ein Taschentuch. Jetzt spielen die Kinder viele Raupen, die zu vielen Schmetterlingen werden.
Tipp: Zeigen Sie vor dem Spiel das Bilderbuch: *„Die kleine Raupe Nimmersatt"* von Eric Carle.

Strampelverse und Kniereiter

Legen Sie Ihre Hände auf die Fußsohlen eines Babys, so werden Sie feststellen, dass es manchmal freudig gegen den Widerstand Ihrer Hände strampelt. Durch wechselseitiges Beugen und Strecken der Beine entsteht ein kleines Strampelspiel mit Versen und Singsang. Babys, die schon aufrecht sitzen und ihr Gleichgewicht ausbalancieren, freuen sich an Kniereiterspielen auf Ihrem Schoß.

Beim Wickeln

Alter/Entwicklungsstand: ab 6 Monate
Mitspieler: 1 Kind
Ort/Raum: Wickeltisch, Krippenbereich, Kuschelecke
Hinweis: Beobachten Sie, ob das Kind aufmerksam und freudig mitspielt. Sind sie selbst entspannt und dem Kind zugewandt? Vertraute Nähe zwischen Kind und Erzieherin ist eine Grundvoraussetzung für Sprache und Kommunikation.

Die Maus hat rote Strümpfe an,
damit sie besser radeln kann.
Sie radelt bis nach Dänemark,
denn Radeln macht die Waden stark.

Legen Sie Ihre Hände an die Fußsohlen des Kindes. Sprechen Sie den Text und drücken Sie die gebeugten Beine des Kindes abwechselnd gegen seinen Bauch.

Überliefert

Groß und klein zusammen: Sie können das Spiel mit der ganzen Gruppe im Kreis spielen (auf dem Boden oder auf Stühlen). Dazu führen die Kinder selbst Bewegungen mit den Beinen bzw. Füßen aus.

Auf dem Schoß

Alter/Entwicklungsstand: ab 1 Jahr (bzw. sobald das Kind aufrecht sitzen kann)
Mitspieler: 1 Kind
Spielanleitung: Das Kind sitzt aufrecht auf Ihrem Schoß. Umfassen Sie seinem Rumpf mit beiden Händen, um ihm Sicherheit zu geben.

So reiten die Damen,	Bewegen Sie Ihre Beine (Knie) langsam auf und ab.
so reiten die Herren,	Bei „Herren" steigern Sie das Tempo.
so reitet der Bauer, …	Bei „Bauer" reiten Sie wild und ungestüm!

Überliefert

Variation: „Hopp-hopp, Pferdchen lauf galopp" und andere Kniereiter gehören meist schon zum Repertoire. Sie können diese Pferdchenspiele auch mit einer größeren Gruppe auf Stühlen oder großen Bällen spielen!

„Alle anfassen!" – Bewegungslieder und Kreisspiele

Schon bei Babys sind wesentliche musikalische Elemente in Stimme und Bewegung vorhanden.

2–3-jährige Kinder können einfache Melodien selbst erfinden. Ebenso singen sie bereits Lieder nach, wobei Text und Rhythmus eher mit der Liedvorgabe übereinstimmen als Tonhöhe und Melodie. Parallel zur Sprache entwickeln sich die motorischen Fähigkeiten weiter.

Bei Liedern, Sing- und Tanzspielen werden Singen/Sprechen mit Handlungen gekoppelt. Auch Kinder mit geringen Deutschkenntnissen können hier mitmachen. Sprachgehemmte Kinder erleben in der Gruppe den nötigen Schutz, um ihre Ängste und Hemmungen zu überwinden.

Lieder mit Bewegung

Je kleiner die Kinder, desto enger sind Sprechen/Singen mit Handeln und Bewegen verbunden. Da die folgenden Spiele etwas mehr Raum benötigen, können sie – außer im Gruppenraum – auch gut im Bewegungsraum, auf dem Flur oder im Freien gespielt werden.

Auf der Donau woll'n wir fahren

Alter/Entwicklungsstand: ab 1,5 Jahre (Kinder sollten sicher gehen können)
Mitspieler: Klein- oder Großgruppe
Hinweis: ein Spiel zum Namenlernen – auch einsetzbar auf dem Weg zum Schlafraum o. ä.

Auf der Donau woll'n wir fahren,	Die Erzieherin oder ein älteres Kind
wo das Schifflein sich dreht.	führt das Schifflein als „Kapitän".
Und das Schifflein heißt (Anna …)	Das Kind, das namentlich genannt wird, steigt ein
und die Anna muss mit!!!	und fährt mit. Zum Schluss ist eine lange Reihe
	(Dampfer mit Passagieren) entstanden.

Überliefert

Ich bin ein dicker Tanzbär

Alter/Entwicklungsstand: ab 2,5 Jahre
Mitspieler: Klein- oder Großgruppe

Ich bin ein dicker Tanzbär	Ein Kind geht als „Bär" innen im Kreis herum.
und ich komme aus dem Wald.	Es sucht sich einen Freund aus,
Ich suche meine Freunde	vor dem es stehenbleibt.
und finde sie schon bald.	Nun stampfen und tanzen die beiden.
Und wir tanzen hübsch und fein	Dann gehen zwei Bären im Kreis herum.
von einem auf das andre Bein …	Jeder Bär sucht sich wiederum einen Freund
Und wir tanzen hübsch und fein …	Zum Schluss sind alle Kinder Tanzbären.

Überliefert

Ein kleiner grauer Esel

Alter/Entwicklungsstand: ab 1,5 Jahre
Mitspieler: Klein- oder Großgruppe
Hinweise: Tierlaute und lautmalende Wörter (I-A) sind bei Kindern sehr beliebt.

Ein kleiner grauer Esel,
der wandert durch die Welt.
Er wackelt mit dem Hinterteil,
so wie es ihm gefällt.
I-A, I-A, I-A, I-A, I-A.
Überliefert

Die Kinder gehen hintereinander im Kreis. Dann bleiben sie stehen, wackeln mit dem Po und verbeugen sich. Dabei singen sie laut „I-A, I-A"…

Zeigt her Eure Füße: Wörter-Suchen

Alter/Entwicklungsstand: ab 3 Jahre
Mitspieler: Klein- oder Großgruppe

Zeigt her eure Füße, zeigt her eure Schuh
und sehet den fleißigen Kindern einmal zu!

Die Kinder stehen im Kreis und stampfen im Wechsel mit ihren Füßen.

Sie ***klatschen****, sie klatschen,*
sie klatschen den ganzen Tag,
sie klatschen, sie klatschen,
sie klatschen den ganzen Tag.

Dann *klatschen* sie im Rhythmus des Liedes,

Refrain: *Zeigt her eure Füße…*

Sie ***tanzen****, sie tanzen…*

tanzen im Kreis usw.

Überliefert

Bei den folgenden Strophen werden immer neue Wörter eingefügt: … *lachen, essen, springen waschen, kämmen, spielen, schlafen* usw. Passend zu den Wörtern führen die Kinder Bewegungen aus.
Groß und Klein zusammen: Fragen Sie: Was können wir noch im Kreis tun? Ältere Kinder können sich selbst immer neue Verben und Bewegungen ausdenken.

Himpelchen und seine Freunde

Handpuppen können ein ideales Medium sein, um Kontakt aufzunehmen, Hemmungen zu lösen, das Kind zu spontanen Äußerungen und Dialogen anzuregen. Das ist gerade bei neuen Kindern in der Gruppe hilfreich. Manchmal versinken die Kinder im Umgang mit der Puppe so in die Spielsituation, dass sie alles um sich herum vergessen. Dann kann sogar aus einem zurückhaltenden, ja „stummen" Kind plötzlich ein „Plappermäulchen" werden.

Fingerpuppen: Erzählspaß für Krabbelfinger

Fingerpuppen sind besonders für die Kleinsten ideal. Sie lassen sich kinderleicht herstellen, benötigen weder Bühne noch Vorhang. Fingerpuppen können überall auftauchen (auf dem Wickeltisch, vor dem Frühstück oder Einschlafen, …) und lassen sich im Tagesablauf ideal mit Fingerspielen kombinieren.

Handschuh-Fingerpuppen

Alter/Entwicklungsstand: ab 1 Jahr
Mitspieler: 1 Kind oder Kleingruppe
Material: 1 alter Fingerhandschuh, allerlei Reste (Filz, Wolle usw.), Glöckchen, Klebstoff, Nähzeug, Filzstifte
Ort/Raum: Wickeltisch, Krippenbereich, Kuschelecke
Spielanleitung: Jeder Finger des Handschuhs bekommt ein Gesicht. Dazu schneiden Sie aus Filz 5 Kreise aus und kleben/nähen sie unterhalb jeder Fingerspitze des Handschuhs fest. Dann zeichnen Sie mit Filzstift auf jeden Kreis ein Gesicht. Fertig! Sie können zusätzlich jeden Finger noch mit Wollresten (für die Haare) und Glöckchen verzieren.
Variation: Wenn Sie einzelne Fingerpuppen möchten, dann trennen Sie die Finger des Handschuhs separat mit der Schere ab. Bei Strickhandschuhen müssen die Maschen vorsichtig aufgenommen bzw. mit einer Nadel vernäht werden.
Tipp für eine Spielhandlung:

- Ziehen Sie zu einem bekannten Fingerspiel den Handschuh an (z. B. zu dem Spiel „Zehn kleine Zappelmänner").

- Lassen Sie die Handschuh-Finger aus einer Handtasche, einem Säckchen, unter einem Tuch oder über die Tischkante auftauchen und wieder verschwinden.
- Entwickeln Sie einen kleinen Dialog: Sprechen Sie die Kinder an, fragen Sie nach ihren Namen, nach Kleidungsstücken („Zeig mal deine Schuhe"), danach, was sie gerade tun (essen, spielen, auf der Erde sitzen ...). Warten Sie ab, wie die Kinder reagieren. Gehen sie auf die Puppen zu? Stellen sie ihnen Fragen? Haben die Kinder spontan Ideen für eine weitere Spielhandlung?

Groß und klein zusammen: Geben Sie einem großen Kindergartenkind die Fingerpuppen. Hier haben Sie einen Doppeleffekt: Das große Kind übt sich in flüssigem Sprechen, die Kleinen hören zu und antworten nach ihren Möglichkeiten.

Fingerpuppen aus Krimskrams

Alter/Entwicklungsstand: ab 1,5 Jahre
Mitspieler: 1 Kind oder Kleingruppe
Material (zur Auswahl): 2 Taschentücher/Stoffwindeln oder 2 dicke Holz- bzw. Wattekugeln oder 2 Fingerhüte (auch Kugeln von Knetgummi sind möglich), dazu Filzstifte, Wolle, Stoffreste ...
Ort/Raum: Wickeltisch, Krippenbereich, Kuschelecke
Spielanleitung: Gestalten Sie zwei Püppchen, z. B.

- indem Sie einfach auf jeden *Daumen* Ihrer Hand mit Filzstift ein Gesicht *zeichnen*,
- Knoten in *Taschentücher* machen und mit Filzstift ein Gesicht gestalten,
- auf einen Finger der rechten und linken Hand einen *Fingerhut* oder ein anderes Hütchen setzen,
- auf Ihre Finger eine dicke *Kugel* (Holz, Knete, ...) stecken und darauf ein Gesicht malen. Woll- und Stoffreste können für weitere Verzierungen benutzt werden.

Himpelchen und Pimpelchen stiegen auf einen Berg. Himpelchen war ein Heinzelmann und Pimpelchen war ein Zwerg.	Stecken Sie auf jeden Daumen ein Hütchen (eventuell dazu Gesicht auf Daumen malen). Lassen Sie die Zwerge auf Ihren Kopf steigen.
Sie blieben lange dort oben sitzen und wackelten mit ihren Zipfelmützen.	Wackeln Sie mit den Daumen.
Und nach 25 Wochen sind sie in den Berg gekrochen.	Verstecken Sie die Zwerge hinter Ihrem Rücken.

Schnarchen da in guter Ruh,
seid mal still und hört gut zu.
Krr-krr-krr …
Überliefert

Schnarchen Sie mit den Kindern so laut wie möglich.

Wecken Sie die Zwerge zum Schluss mit einem Lied wieder auf und lassen Sie die beiden Wichte tanzen.

Variation: Die Kinder spielen mit, indem sie ihre eigenen Daumen auf ihre Köpfe steigen und dann verschwinden lassen.

Beginnen Sie im Anschluss an das Spiel ein Gespräch mit den Kindern, indem Sie z. B. Ihr eigenes „Himpelchen" mit den Daumen der Kinder sprechen lassen („Hallo, wie geht es dir?").

Handpuppen im Handumdrehen

Kleinkinder erleben ihre Umwelt noch „beseelt" und „magisch". Viele Dinge haben ein „Gesicht", werden für sie lebendig. Der Baustein wird zur Puppe und kann sprechen. Der Tisch ist „böse", weil er das Kind gestoßen hat. Dafür wird er verhauen. Kinder haben keine Schwierigkeiten, in einem Lappen eine Puppe zu sehen oder in einem Strumpf eine Schlange. Warum soll eine Bürste nicht reden können? Aus alltäglichen Situationen und Gegenständen können sich Spielhandlungen ergeben, die zu Gesprächen anregen.

Bürsten-Theater

Alter/Entwicklungsstand: ab 2 Jahre
Mitspieler: 1 Kind oder Kleingruppe
Material: weiche Haarbürste, Kamm (auch andere Bürsten, z. B. saubere Spülbürste, Nagelbürste, …), Buntpapier, Klebestift, Schere
Ort/Raum: Wickeltisch, Krippenbereich, … Stuhlkreis
Spielanleitung: Kleben Sie auf die Rückseite einer Bürste ein lachendes Gesicht (aus Buntpapier). Lassen Sie die Bürste beim Wickeln auftauchen und zu dem Kind sprechen. Sie können das Kind mit der Bürste vorsichtig kämmen oder massieren. Dann

ist die Bürste wieder weg. Sollen wir sie rufen? Das Spiel verbindet verbale Kommunikation mit Körpererfahrungen.
Hinweise: Schon Babys wenden sich Gesichtern zu! Lachende Gesichter sprechen an und fordern zur Kommunikation auf.
Variation: Veranstalten Sie ein „Bürsten-Theater", indem Sie vor einer Kindergruppe verschiedene Bürsten auftauchen und sprechen lassen (Haarbürste, Küchenbürste, Nagelbürste, ...). Vielleicht kommt noch ein Schwamm dazu? Vielleicht ein Topfkratzer? Oder ein Kochlöffel? Kleben Sie den Gegenständen ein Smiley-Gesicht auf und schmücken Sie die Gegenstände mit Bändern und Glöckchen. Lassen Sie die Kinder reden und antworten, während die Gegenstände auftauchen und wieder verschwinden.
Anschließend können die Kinder die Gegenstände selbst in die Hand nehmen und sprechen lassen.

Lappen- und Tütenparty

Alter/Entwicklungsstand: ab 1,5 Jahre
Mitspieler: 1 Kind oder Kleingruppe
Material: Frotteewaschlappen oder Papiertüte (Filz- bzw. Stoffmalstifte, Stickgarn, Nähzeug)
Ort/Raum: Wickeltisch, ... Stuhlkreis, Frühstückstisch
Spielanleitung: Gestalten Sie auf einem Frotteewaschlappen ein Gesicht (z. B. aufsticken, aufnähen ...). Das Waschlappen-Gesicht kann beim Wickeln als Puppe auftauchen. Sie können das Gesicht aber auch im Stuhlkreis vor den Kindern auftreten lassen. Vielleicht erzählt der Waschlappen etwas, richtet Fragen an die Kinder. Er kann die Kinder zum Spaß „waschen" und kitzeln.
Variation: Zeichnen Sie auf eine Tüte (Brötchentüte, Pergamentpapier-Tüte, ...) ein freundliches Gesicht. Stülpen Sie die Tüte über Ihre Hand, und lassen Sie die Tüte erzählen. Vor dem Frühstück könnte das Tütengesicht die Kinder zum Essen einladen. Die Tüte könnte die Kinder auffordern, ihr Frühstück zu zeigen und eventuell zu benennen.
„Da, ... Nana", erzählt vielleicht ein Kind (und zeigt stolz seine Banane). Das Tütengesicht schaut genau hin und sagt: „Eine Banane ... Ja, ich sehe es ... Du hast eine Banane mitgebracht ... Was gibt es noch zu essen?"
Tipp: Geben Sie auch den Kindern Papiertüten mit Gesichtern. Nach dem Frühstück kann sich daraus ein Spiel entwickeln.

7.

Spiellandschaft und Tischtheater

Bei kleinen Kindern kann es sinnvoll sein, mit Puppen zunächst noch nicht hinter einem Vorhang oder Kasperletheater zu agieren. Ist die Erzieherin als Puppenspielerin sichtbar, so können sich die Kleinen immer wieder überzeugen, wer wirklich „hinter der Puppe steckt". Der direkte Kontakt zur Erzieherin kann dann beruhigend wirken, denn nicht jede Puppe wird gleich als freundlich und vertraut erlebt.

Bello, der Hund

Alter/Entwicklungsstand: ab 2,5 Jahre
Mitspieler: Klein- oder Großgruppe
Material: 1 Stoffhund, kleiner Karton (mit Öffnung vorn), Bettlaken, Teller, Schälchen, eine Wurst (aus dem Kaufladen oder aus Knete geformt), eventuell Tücher
Ort/Raum: Gruppenraum
Spielanleitung: Bauen Sie mit den Kindern zunächst die Spiellandschaft auf dem Tisch auf: Hängen Sie dazu ein Laken über den Tisch. Arrangieren Sie auf der Tischplatte eine Art Bühnenbild: eine Hundehütte aus einem kleinen Karton, einen Hügel / einen Wald aus Tüchern im Hintergrund. Stellen Sie *unter* den Tisch einen *Teller* und ein *Schälchen*. Halten Sie eine Wurst (z. B. aus Knete) bereit. Nehmen Sie nun den Stoffhund „Bello" und beginnen Sie mit der Handlung:
Hinweise: Es kann hilfreich sein, wenn eine Erzieherin den Text liest und eine zweite Erzieherin (oder ein älteres Kind) die Spielhandlung ausführt. Zu Beginn des Spiels können Sie ein paar Töne auf einem Glockenspiel spielen, um Spannung zu erzeugen.

Bello ist ein feiner Hund, *dick und rund und ganz gesund.*	Zeigen Sie den Kindern den Stoffhund.
Er wohnt in einem Hundehaus, *und schaut manchmal zur Tür heraus.*	Stellen Sie dann den Hund in den Karton und lassen ihn zur Tür herausschauen.
Er bellt „wau-wau", denn er ist schlau, *und bellt er, kommt die Bauersfrau.*	Bellen Sie laut und kräftig,
Sie geht gleich in den Keller *und holt ihm einen Teller.*	bücken sich zum Teller herunter (liegt unter dem Tisch),

Sie holt auch eine dicke Wurst
und Wasser für den größten Durst.

legen die Spiel-Wurst darauf und nehmen das Schälchen in die Hand.

Mit Wasser und Wurst auf dem Teller
kommt die Frau nun aus dem Keller.

Stellen Sie dann den Teller (mit Wurst) und das Schälchen oben auf den Tisch.

Der Bello stürzt sich auf die Wurst,
dann trinkt er Wasser für den Durst.

Der Hund „frisst" die Wurst und trinkt aus dem Schälchen.

Dann legt er sich ins Hundehaus
und schläft sich erst mal richtig aus.
Rrrr-rr-rrr …

Autorin

Legen Sie den Hund in die Hütte und machen Sie laute Schnarchgeräusche (die Kinder schnarchen mit).

Zum Schluss kann die Hundehütte mit einem Tuch abgedeckt werden.
Lassen Sie den Tisch mit dem schlafenden Hund noch eine Weile stehen. Beobachten Sie, was die Kinder nun tun. Vielleicht wecken Sie den Hund gemeinsam wieder auf. Welche Spielhandlung könnte sich jetzt ergeben? Vielleicht holen die Kinder weitere Tiere (Katze, Bär, Frosch …), die mit Bello sprechen und spielen.
Ähnliches „Tisch-Theater" können Sie mit Zwergen, Puppen, gekneteten Figuren oder „sprechenden" Kleidungsstücken inszenieren.

Tipps für Handpuppenspiele

- Ein *Tütenkasper*, der immer wieder in seiner Tüte verschwindet, der von den Kindern gerufen und angefeuert wird, regt die Gruppe zu spontanen Wortäußerungen und kleinen Dialogen an. Beliebte Themen: der Kasper schläft, wacht auf, erzählt von seinen Lieblingsspielzeugen, hat Hunger, feiert Geburtstag usw.
- Ideal ist auch eine *Großpuppe* (in Kindergröße), die zu einem festen Mitglied der Gruppe wird. Sie hat selbstverständlich einen Namen und taucht zu unterschiedlichen Anlässen auf (vor dem Frühstück, beim Zähneputzen oder als Gast, wenn ein Kind Geburtstag hat).

8.

„Alle Kinder flitzen!" – Bewegung fördert Sprache

Die Sprachentwicklung des Kindes ist kein isolierter Vorgang, sondern steht in enger Verbindung mit anderen Bereichen (z. B. Tasten, Sehen, Hören, Fein- und Grobmotorik). Für denjenigen Hirnabschnitt, der Sprache und Sprechvermögen steuert, ist es besonders wichtig, über guten Kontakt mit dem übrigen Gehirn zu verfügen, besonders mit dessen sensorischen und motorischen Abschnitten.
Durch Spiele zu Bewegung, Gleichgewicht, Eigenwahrnehmung können Erzieherinnen positiv auf bestimmte Sprachstörungen einwirken, ohne dass ein isoliertes „Sprachtraining" nötig wäre.

Katzen „miauen", Autos „tuten": Laute und bewegte Wörter

Kleinkindern machen Laute, Geräusche und lautmalende Wörter großen Spaß. Meist sagen sie erst „Wau-wau", bevor ihnen das Wort „Hund" über die Lippen kommt, oder sie sprechen von „Ga-Ga" und meinen damit eine Ente, eine Gans oder einen Schwan. Das Müllauto ist genauso ein „Tut-tut" wie der Bus oder der PKW. Nutzen Sie die Vorliebe der Kinder für Laute und Geräusche in Sprach- und Bewegungsspielen!

Hund, Katze, Vogel, ...

Alter/Entwicklungsstand: ab 2 Jahre
Mitspieler: Klein- oder Großgruppe
Material: eventuell Stofftiere oder ein Tier-Memory bzw. ein Bilderbuch mit Tieren
Ort/Raum: Bewegungsraum
Spielanleitung: „Wir gehen wie ein Hund (auf vier Beinen)"... Verstehen die Kinder diese Aufforderung? Wenn nicht, dann machen Sie die Bewegung vor. – Jetzt entwickeln Sie das passende Geräusch dazu! Wie macht der Hund? ... Am Ende bellt vielleicht die ganze Kindergruppe.
Variation: Je nach Erfahrung und Vorstellungsvermögen der Kinder können andere

Tiere gespielt werden: z. B. eine Katze, ein Vogel, eine Ente, ein Frosch, ein Esel, … (später auch Zootiere, z. B. ein Löwe).

Tipp: Erweitern Sie das Spiel, indem Sie „Tierfütterung" spielen. So bekommen die Hunde vielleicht einen „Knochen" (einen Ball), die Vögel „Körner" (viele kleine Bälle) usw.

Hinweise: Wichtig ist, dass die Kinder sich das passende Tier wirklich vorstellen können. Als Anschauungsmittel wählen Sie vielleicht das passende Stofftier, einzelne Karten eines Tier-Memorys, ein Bilderbuch.

Bitte einsteigen! Fahrzeuge groß und klein

Alter/Entwicklungsstand: ab 2 Jahre
Mitspieler: Kleingruppe
Material: Kartons (eventuell Rollbretter), Bälle
Ort/Raum: Bewegungsraum
Spielanleitung: Geben Sie jedem Kind einen Pappkarton (man kann ihn auch auf ein Rollbrett stellen) als „Auto". Das Auto fährt durch den Raum und macht dazu „brr, brr". Soll das Auto wie ein LKW beladen werden? Wir laden Bälle als „Frachtgut" in die Kartons, schieben sie durch den Raum und bringen sie dann in die Garage (einen großen Karton).

Variation: Spielen Sie Feuerwehrauto oder Polizei. Die Kinder laufen mit „tatü-tata, tatü-tata" umher. Dabei passen sie auf, dass sie niemanden anstoßen. Als „Lenkrad" erhält jedes Kind einen Gummiring oder einen Pappteller. Wie wäre es mit „Eisenbahn"?

Zug, Zug, Eisenbahn.
Wer will mit nach Frankfurt fahr'n.
Frankfurt ist'ne schöne Stadt,
die auch einen Bahnhof hat …
Tsch- tsch- tsch- tsch-tsch …
Zzzzz –Zzzzz- Zzzzz …

Überliefert

Die Kinder fassen sich bei den Händen und fahren als „Zug" durch den Raum. Sie können auch ihre Hände auf die Schultern des Vordermannes legen. Dazu geben alle Kinder Geräusche von sich. Lassen Sie den Zug hörbar schneller und langsamer fahren und schließlich anhalten. Sie können auch Kinder namentlich aufrufen und als Fahrgast einsteigen lassen. „Wer soll einsteigen?" – „Sonja, …, Moritz, …"

„Kasper, Kasper ..."

Alter/Entwicklungsstand: ab 2,5 Jahre
Mitspieler: Klein- oder Großgruppe
Material: Kasperlefigur (ersatzweise Teddy o. a. Stofftier)
Ort/Raum: Bewegungsraum, Freigelände
Spielanleitung: Die Kinder stehen nebeneinander an einer Wand des Raumes (im Freigelände kann man eine Schnur als Begrenzung auf die Erde legen). Vor der gegenüberliegenden Wand steht die Erzieherin oder ein älteres Kindergartenkind mit einer Kasperle-Figur oder einem Teddy.
Die Kindergruppe ruft nun (mit Unterstützung einer anderen Erzieherin oder gemeinsam mit älteren Kindern): „Hallo Kasper!" Der Kasper antwortet: „Hallo Kinder, kommt mal rüber!"
Die Kinder fragen: „Wie denn ...?"
Der Kasper macht Vorschläge: „Ihr sollt *rennen*"...
Schon rennen die Kinder los. Wenn die Kinder den Kasper begrüßt haben, geht er schnell auf die gegenüberliegende Seite des Raumes, und dann beginnt das Spiel von vorn.
Diesmal sollen die Kinder vielleicht *kriechen* wie eine Katze, *hüpfen*, auf dem Bauch *rutschen*, auf den *Knien* gehen, *tanzen*, mit einem *Ball in der Hand* laufen usw.

Bewegungs-Reime für Turnmäuse

Alter/Entwicklungsstand: ab 3 Jahre (je nach Sprachverständnis und motorischen Fähigkeiten auch früher)
Mitspieler: Klein- oder Großgruppe
Ort/Raum: Bewegungsraum, Freigelände

Wenn der Tiger turnen geht, *dann hebt er seine Tatzen.* *Er schwingt die Beine hin und her.* *Was sind denn das für Faxen?*	Die Kinder heben die Arme in die Luft, bewegen die Beine hin und her.
Wenn der Tiger tanzen geht, *so steht er auf den Zehen.*	Auf die Zehen stellen, Arme über den Kopf führen und um die eigene

Er führt die Pfoten in die Luft *und fängt an sich zu drehen.*	Achse drehen (kleine Kinder bleiben auf dem ganzen Fuß).
Wenn der Tiger Schlitten fährt, *dann ist das glatt, oh je!* *Er rast die Piste steil hinab* *und landet meist im Schnee.*	Durch den Raum rennen und hinfallen lassen.
Wenn der Tiger Fußball spielt, *dann schießt er übers Feld.* *Schon rufen alle „Tor, Tor, Tor"* *und er ist gleich ein Held.*	Fußballspielen andeuten.
Wenn der Tiger boxen will, *so schafft er zwei, drei Runden.* *Doch meistens wird er ganz schnell müd'* *und ist dann schnell verschwunden.*	In die Luft boxen.
Wenn der Tiger müde ist, *dann macht er eine Pause.* *Er legt sich in den Liegestuhl* *und trinkt'ne kühle Brause.* *„Prost!"*	Sich müde und entspannt auf einen Stuhl setzen und „Brausetrinken" andeuten.

Autorin

Hinweise: Die Kinder lernen verschiedene Bewegungs-Wörter kennen und umsetzen: Arme heben, Beine schwingen, auf den Zehen stehen, drehen, … Fußball spielen, boxen usw. Sprache ist besonders handlungsbezogen und einprägsam, wenn sie mit Körperbewegungen Gestalt annimmt.

Einmal langsam, einmal schnell: Reaktionsspiele

Das folgende Spiel fördert Konzentration, Hörverstehen und schnelle Reaktion. Klänge und Wörter müssen rasch in Bewegung umgesetzt werden. Hier wird die Signal-Funktion von Sprache ganz praktisch im Spiel erfahren. Der rasche Wechsel von Signal und Reaktion macht Kindern meist großen Spaß.

Trommel-Spaziergang

Alter/Entwicklungsstand: ab 3 Jahre
Mitspieler: Klein- oder Großgruppe
Material: Handtrommel
Ort/Raum: Bewegungsraum
Spielanleitung: Die Kinder sollen auf Klänge/Geräusche und Wörter schnell und passend reagieren. Als Vorbereitung lassen Sie die Kinder durcheinander im Raum umher gehen. Dann schlagen sie einmal kräftig auf eine Handtrommel. Dieses Signal bedeutet: „Ganz schnell auf die Erde setzen". Wiederholen Sie dieses Spiel mehrmals, sodass sich die Kinder daran gewöhnen, auf ein Signal zu lauschen und rasch zu reagieren. Dann können sie

- in unterschiedlichem Tempo laufen (zum Rhythmus der Trommel, die abwechselnd langsam und schnell geschlagen wird),
- sich auf einen besonders lauten Trommelschlag hin auf den Boden werfen

Variation: Ersetzen Sie die Trommel als Signal durch *„Signal-Wörter"*
Sagen Sie z. B. laut und deutlich: „Wir gehen *langsam*". Steigern Sie dann: „Wir gehen *schneller*"... „Wir *rennen*"... „Wir gehen wieder *langsam*"... „Wir *setzen* uns auf die Erde"... „Wir *legen* uns schlafen"... „Wir *stehen* wieder auf"...

„Das Mäuse-Haus": Bewegungsgeschichten

Bewegungen, die Sie mit einfachen Sätzen und später mit kurzen Erzählungen, ja kleinen Geschichten begleiten, sind für die Sprachförderung besonders geeignet. Selbst Wörter, die Kinder noch nicht in ihrem Wortschatz haben, können aktiv erlebt und praktisch gelernt werden.
Wählen Sie möglichst Themen/Inhalte, die der unmittelbaren Umgebung und Erfahrung entstammen bzw. durch Reim, Rhythmus, Musik und Hilfsmittel rasch umsetzbar sind.

Eine lange Schlange

Alter/Entwicklungsstand: ab 2,5 Jahre
Mitspieler: Klein- oder Großgruppe
Material: eventuell CD-Player und CD mit Instrumentalmusik
Ort/Raum: Gruppenraum, Bewegungsraum

Hinweise: Selbst wenn die Kinder noch nicht alle sprachlichen Hinweise verstehen, so werden sie doch durch die Bewegung in der Gruppe „geführt".

Spielanleitung: Alle Kinder fassen sich an und bilden eine lange Schlange. Die Erzieherin oder ein älteres Kindergartenkind führt die Schlange an und beschreibt, wie sich das Tier durch den Raum bewegen soll:

- Die Schlange geht (schlängelt sich) im Kreis *um die Stühle herum*,
- geht *um Tische herum*,
- schlängelt sich *durch die* (geöffnete) *Tür*,
- *über den Flur* (den Flur entlang),
- *in einen anderen Raum* (z. B. Bewegungsraum).
- Sie können nun auch das Tempo variieren (ganz *langsam*, etwas *schneller* gehen, *rennen* …).
- Sie können verschiedene Hindernisse im Raum verteilen, um die sich die Schlange *herumschlängeln* muss (dicke Bälle, Kartons usw.).

Variation: Spielen Sie eine Bewegungsmusik (instrumental oder mit Text zum Mitsingen).

Das Mäuse-Haus

Alter/Entwicklungsstand: ab 2 Jahre
Mitspieler: 4-6 Kinder
Material: eventuell Tisch/Stühle, Decke
Spielanleitung: Bauen Sie ein Mäusehaus, indem Sie über einen Tisch oder über Stühle eine Decke legen. Die Kinder verstecken sich darunter. Falls Kinder die Dunkelheit nicht mögen, so verzichten Sie auf die Decke. Weitere Möglichkeit: Ältere Kinder bilden einen Kreis um die Kleinen und gestalten so das „Mäusehaus".

Wir öffnen jetzt das Mäusehaus. *Die Mäuse huschen zur Tür heraus.*	Decke wegziehen bzw. Kreis öffnen.
Sie krabbeln kreuz und quer, *denn Krabbeln ist nicht schwer.*	Die Kinder krabbeln im Raum umher.
Kaum schaut die Katze um die Eck', *schon laufen alle Mäuse weg.*	Die Erzieherin oder ein älteres Kind spielt die Katze (betont lauern und die Krallen ausfahren).
Verstecken sich im Mäusehaus,	Darauf huschen alle Mäuse ins Haus zurück.
schauen nur zum Fenster raus.	Sie schauen zum Fenster raus und winken der Katze zu (die ihnen jetzt nichts mehr anhaben kann).

Autorin

Groß und Klein zusammen: Bei älteren Kindern können Sie eine kurze Geschichte erzählen: *„Alle Mäuse schlafen im Mäusehaus … Dann wird die Tür geöffnet … Die Mäuse huschen heraus … Sie suchen nach Futter … Auf dem Feld liegen viele Körner herum … Hungrig fressen die Mäuse die Körner … Dann fangen sie an zu spielen: sie krabbeln auf Stühle, … sie huschen unter einem Tisch durch … Dann hören sie die Katze … Sie rennen, so schnell sie können …"* usw.

Das Nacht-Gespenst

Alter/Entwicklungsstand: ab 2,5 Jahre
Mitspieler: Klein- oder Großgruppe
Material: eventuell dünne Tücher, Gong oder Klingel
Ort/Raum: Gruppenraum, Bewegungsraum

Das Nachgespenst ruft:
„Huuuu, Huuuu, Huuuu,
ich brauche keine Schuh.
Ich fliege durch die Nacht geschwind,
ich fliege wie ein kühler Wind.

Die Kinder legen sich dünne Tücher über den Kopf oder halten sie in der Hand und winken damit. Ohne Tücher geht es auch. Die Kinder breiten die Arme aus und bewegen sie, auf und ab.

Huuuu, Huuuu, Huuu,
ich brauche keine Schuh.
Ich tanze durch das ganze Haus,
ich lache alle Kinder aus.

Sie gehen, drehen sich, tanzen durch den ganzen Raum.

Huuuu, huuuu, huuu,
ich brauche keine Schuh.
Dann schlägt die Turmuhr:
Bing, bing, bing …
„Der Spuk ist aus, ich leg mich hin!
Ich mach' die Augen zu,
und gönn' mir etwas Ruh!"

Autorin

Wenn die Turmuhr schlägt, klatscht die Erzieherin oder ein älteres Kind in die Hände. Auch ein Gong oder eine Glocke kann als Signal dienen.Daraufhin legen sich die Kinder auf die Erde und machen die Augen zu.

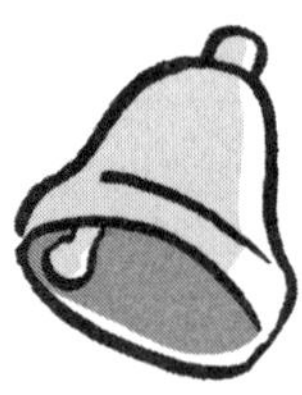

Die Kleine Biene

Alter/Entwicklungsstand: ab 2,5 bzw. 3 Jahre
Mitspieler: Kleingruppe (ein älteres Kind könnte die Rolle der kleinen Biene übernehmen)
Material: 4–6 Matten, Tücher
Ort/Raum: Gruppenraum, Bewegungsraum
Spielanleitung: Bauen Sie aus Turnmatten ein Haus für die Bienen. Aus Tüchern legen Sie eine Blume. Erzählen Sie die Geschichte und lassen Sie die Kinder als Bienen aus dem Bienenhaus fliegen und umherschwirren (die „Kleine Biene" vorweg). Dann landen alle auf der Blume und schlecken Honig.

Seht ihr die kleine Biene? Sie ist sehr hungrig. Überall duftet es nach süßem Honig. „Mmmmm", sagt die Biene." Das riecht ja lecker. Da mache ich mich auf den Weg, um die Blume zu suchen."
Die kleine Biene fliegt aus dem Bienenhaus. Dazu summt sie „Sssssss".
Die anderen Bienen hören das Summen. Sie sagen sich: „Da fliegen wir einfach hinter der kleinen Biene her. Die zeigt uns den Weg zum leckeren Honig."
Eine Biene nach der anderen fliegt aus dem Bienenhaus (eventuell Namen der Kinder nennen) – *immer hinter der kleinen Biene her.*
Bald ist überall ein „Ssssss" zu hören. Dann endlich sehen die Bienen die schöne Blume. Sie setzen sich auf die Blume und fahren ihre Rüssel aus. Damit trinken sie den süßen Honig, als hätten sie einen Strohhalm im Mund: „Mmmm!"
Satt und zufrieden machen sie einen Bienentanz.

Hinweise: Singen Sie ein Lied, z. B. „Summ, summ, Bienchen summ herum". Die Bienen können auch zu einer Instumentalmusik tanzen.

9.

„Ich höre was! Was ist denn das?"

Babys wenden sich der menschlichen Stimme aktiv zu (erkennen die mütterliche Stimme, bevorzugen zunehmend Laute der eigenen Muttersprache gegenüber den Lauten fremder Sprachen ...).
Hör-Spiele fördern das aktive Zuhören, die allgemeine Sprachkompetenz und Konzentrationsfähigkeit.

Test für kleine Ohren!

Folgende Symptome können auf eingeschränkte Hörfähigkeit deuten:

- ein Kind macht keine Fortschritte in der *Sprachentwicklung*,
- *antwortet* auf Fragen verzögert oder gar nicht,
- *erschrickt/erwacht* nicht bei lauten Geräuschen,
- kann Geräusche nicht *nachahmen*,
- hat Schwierigkeiten, Geräusche zu *orten* bzw. *reagiert* nicht auf Geräusche außerhalb des Blickfeldes,
- hat wenig *soziale Kontakte*.

Informieren Sie die Eltern, wenn Sie häufiger eines oder mehrere der genannten Symptome bei einem Kind beobachten (ein Hörtest bei einem HNO-Arzt kann Aufschluss bringen).

Die Sprache der Stille

Krach macht wortkarg. Zu viel Lärm und Hintergrundgeräusche in der Kindergruppe können dazu führen, dass gesprochene Wörter von den Kindern nicht mehr gut herausgefiltert werden. Darüber hinaus sind die Kinder weniger geneigt, selbst zu sprechen, da sie von den anderen aufgrund der Lärmkulisse nicht richtig verstanden werden.
Manche Kinder scheinen nicht besonders empfindlich auf Lärm zu reagieren. Andere hingegen können die vielen Reize schlechter verarbeiten und zeigen sich leicht überreizt. Leise Spiele, „Zimmerlautstärke" bei Gesprächen, hin und wieder „Flüstersprache" können Abhilfe schaffen!

Der Mund ist zu

Alter/Entwicklungsstand: ab 1,5 Jahre
Mitspieler: Klein- oder Großgruppe
Ort/Raum: Gruppenraum, Kuschelecke, Schlafraum

Mu, mu, mu ..., *der Mund ist* *Zuuuuuu!*	Die Kinder sprechen deutlich das „Mu-mu ..." und halten sich selbst dann mit den Händen den Mund zu. Dieses Spiel kann für Ruhe/Stille im Raum sorgen. Machen Sie eine kurze Pause, in der die Kinder still sind und lauschen.
Ei, ei, ei ..., *der Mund ist* *wieder frei ...*	Die Erzieherin spricht dann ganz deutlich das „Ei, ei ..." Die Kinder lösen ihre Hände vom Mund und „befreien" ihn wieder.

Autorin

Riesen-Ohren

Alter/Entwicklungsstand: ab 2 Jahre
Mitspieler: Klein- oder Großgruppe

Wo sind denn meine Ohren? *Ach, da sind sie!* *Ich dachte schon, hab' sie verloren.* *Jetzt mach' ich beide Ohren riesengroß,* *ich hör' die Biene summen (ssssss ...,)* *ich hör' den Wind (huuuu huuuu ...,)* *ich hör' den Vogel (piep, piep ...),* *Was hör' ich noch? Ich bin ganz still!* *(..................)* *Ja, meine Ohren riesengroß* *die hören jede Katze,* *die hören jede Maus,* *die huscht durch unser Haus.*	Die Kinder fassen mit beiden Händen an ihre Ohren. Dann deuten sie „Riesen-Ohren" an, legen die Hände hinter beide Ohren ..., lauschen. Die Erzieherin summt wie eine Biene, heult wie der Wind, piept wie ein Vogel. Dann schweigt sie. Die Kinder lauschen. Zum Schluss zeigen die Kinder noch einmal ihre „Riesen-Ohren". Dann deuten sie mit den Händen eine schleichende Katze, mit den Fingern eine huschende Maus an.

Autorin

Hinweise: Sprechen Sie langsam und deutlich. Machen Sie nach jedem Geräusch eine Pause. Sie können statt Biene, Wind … auch andere Geräusche einbauen, die den Kindern besonders vertraut sind.

„Hörst du den Ton?" – Spiele zum Lauschen

Zur auditiven Wahrnehmung gehört auch die auditive *Aufmerksamkeit.*
Trotz des Lärms im Gruppenraum (Hintergrundgeräusche) sollten sie die Stimme der Erzieherin oder einzelne Teil-Geräusche *heraushören* können.
Geräuschquellen müssen räumlich eingeordnet, also *lokalisiert* werden (Spieluhr). Kinder sollten beim Hören Laute *unterscheiden* können (z. B. ähnlich klingende Buchstaben wie d und t oder g und k). Schließlich sollte das Gehörte gespeichert bzw. *behalten* werden. Und wie ist es mit dem Sinn-Verstehen? Das Gehörte muss in einen *Sinnzusammenhang* gestellt werden (Prasseln am Fenster bedeutet „Regen"; aus einer „Tasse" kann man trinken, und sie ist nicht zu verwechseln mit einer „Tasche").

Signale verwenden!

Gewöhnen Sie schon die Kleinsten daran, ein bestimmtes Signal mit „Achtung", „Zuhören" bitte „Ruhe" zu verbinden.
Das kann eine Spieluhr sein, eine helle Klangschale oder ein Glöckchen. Auch wenn Sie einfach in die Hände klatschen und/oder zu singen beginnen, werden viele Kinder aufmerksam.

Knistertüte oder Flüstertüte?

Alter/Entwicklungsstand: ab 2 Jahre
Mitspieler: Klein- oder Großgruppe
Material: knisternde Tüte (Pergament), Pappröhren
Spielanleitung: Sagen Sie den Kindern, sie sollen ihre Ohren „ganz weit aufsperren". Der Mund hat Pause. „Hört einmal!"… Knistern Sie mit einer Tüte. „Was war das?"… Wiederholen Sie das Knistern. Mal ist es lauter, mal leiser. Mal knistert es unter dem Tisch, mal hinter dem Schrank oder unter einem Tuch.
Variation: Sprechen oder flüstern Sie durch eine Pappröhre zu den Kindern. Sagen Sie die Namen der Kinder oder benennen Sie Gegenstände. „Was habe ich gesagt?" Lassen Sie die Wörter von den Kindern wiederholen. Auch die Kinder selbst können durch die Röhre ein Geräusch machen oder etwas sagen. Haben die anderen alles verstanden?

Alles klingt

Alter/Entwicklungsstand: ab 1 Jahr
Mitspieler: Klein- oder Großgruppe
Material: Spieluhr (eventuell großer Wecker, Triangel)
Spielanleitung: Ziehen Sie eine Spieluhr auf, und stellen Sie diese in die Nähe eines Kindes oder mehrerer Kinder. Manchmal unterbrechen Kinder ihr Spiel, um dem Klang zu lauschen. Gehen Sie nun mit der Spieluhr ein Stück weg. Lauschen die Kinder immer noch? Blicken sie in die Richtung des Klangs? Stellen Sie die Spieluhr nun dorthin, wo sie nicht mehr sichtbar ist, z. B. hinter ein Möbelstück. Wie reagieren die Kinder?
Variation (ab 2 Jahre):

- Halten Sie den Kindern einen laut tickenden Wecker ans Ohr. Mit älteren Kindern spielen Sie Wecker-Suchen.
- Schlagen Sie auf eine Triangel oder ein hängendes Becken. Die Kinder lauschen dem langsam verklingenden Ton.
- Machen Sie im Raum einen „Klangspaziergang". Mit einem Gummischlegel tippen Sie auf Heizung, Fensterbank, Tische, Stühle, Fenster …
- Mit älteren Kindern spielen Sie „Richtung-Hören": die Kinder halten sich die Augen zu. Sie gehen mit einem Instrument (z. B. Gong) an verschiedene Stellen im Raum. Fragen Sie jeweils: „Wo bin ich jetzt?"

Groß und Klein zusammen: Bilden Sie ein „Krach-Orchester". Jedes Kind bekommt ein „Instrument" (Babyrassel, Kochtopf, Suppenlöffel, Rascheldose …). Ein älteres Kind spielt den Dirigenten.

Geräusche raten

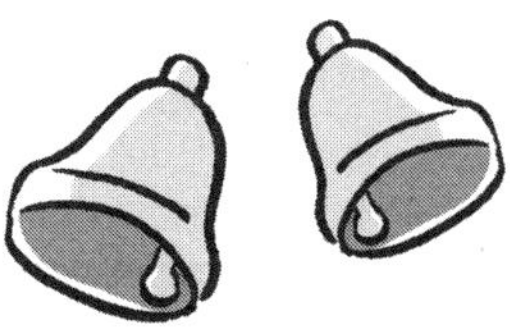

Alter/Entwicklungsstand: ab 2,5 Jahre
Mitspieler: Kleingruppe
Material: klingende Gegenstände (z. B. Glocke, Ball, Spielzeug-Kasse mit Klingel, Topf mit Löffel, Schlüssel usw.)
Spielanleitung: Legen oder stellen Sie 4 Gegenstände, die Geräusche erzeugen können, in die Kreismitte oder auf einen Tisch, zum Beispiel Glocke, Ball, Kasse, Topf/Löffel ….
Lassen Sie die Gegenstände von den Kindern benennen. Nun sollen die Gegenstände ein Geräusch machen. Wer fängt mit der Glocke an? Wer rührt mit dem Löffel im Topf? Wer lässt den Ball auftickten?

Variation: Gehen Sie nun mit den Gegenständen hinter einen Tisch oder einen Vorhang. Lassen Sie jetzt lediglich den Klang/das passende Geräusch ertönen. Wer kann sagen, welcher Gegenstand das Geräusch gemacht hat?
Groß und Klein zusammen: Bei älteren Kindern müssen Sie die Gegenstände vorher nicht unbedingt zeigen. Sie können gleich hinter dem Tisch oder Vorhang agieren. Auch die Zahl der Gegenstände kann erhöht werden. Auch Tätigkeiten erzeugen Geräusche (Haare fönen, Streichholz anzünden, Apfel essen …).

Hören und Sprechen

Konzentriert zuhören, behalten, nachsprechen … Sprache basiert zunächst auf Nachahmung. Die hat allerdings nichts mit Training zu tun. Im Spiel müssen die Kinder konzentriert zuhören, behalten, wiedergeben, was sie gehört haben.

Stille Post

Alter/Entwicklungsstand: ab 3 Jahre
Mitspieler: ca. 6 Kinder
Material: eventuell 1 Pappröhre
Ort/Raum: Kuschelecke o. a. stiller Ort
Spielanleitung: Die Kinder sitzen im Kreis oder in einer Reihe. Flüstern Sie dem ersten Kind etwas ins Ohr. Das Wort sollte den Kindern aus ihrem alltäglichen Umfeld bekannt sein, z. B. der Name eines Kindes, der Name der Erzieherin, ein Spielzeug (Ball, Auto), eine Lieblingsspeise, ein Familienmitglied usw.
Nun sagt das Kind das Wort möglichst leise dem Nachbarn ins Ohr, und so geht es immer weiter, bis Kind Nummer 6 an der Reihe ist. Dieses Kind wiederum sagt das gehörte Wort nun ganz laut. Die Erzieherin wiederholt noch einmal das ursprüngliche Wort. Stimmt es mit dem Wort überein, das Kind Nummer 6 genannt hat?
Variation: Lassen Sie die Kinder durch die Pappröhre wie durch eine „Flüstertüte" zum Nachbarn sprechen.

Echo, wo bist du?

Alter/Entwicklungsstand: ab 3 Jahre
Mitspieler: Klein- oder Großgruppe
Spielanleitung: Rufen Sie ein Wort in den Raum. Die Kinder spielen das Echo und rufen in der Gruppe zurück, z. B. Erzieherin: „Felix!" – Echo (Kinder): „FELIX!" … Erzieherin: „Auto!" – Echo (Kinder): „AUTO!".
Vielleicht wählen Sie Wörter, die gerade in der Gruppe bedeutsam sind (z. B. „Regen", weil es gerade regnet oder „Frühstück", wenn bald Frühstückszeit ist).
Hinweis: Es kann hilfreich sein, das Kinder-Echo durch eine zweite Erzieherin oder ein älteres Kind zu unterstützen. Selbst Kinder, die noch nicht alle Wörter aussprechen, profitieren von dem Spiel, da schon das Hörerlebnis faszinierend sein kann. Zurückhaltende Kinder können im Schutz der Gruppe sprechen und rufen.
Variation: Rufen Sie in eine Flasche mit breiter Öffnung, einen Trichter oder ein dickes Glas hinein.
Groß und Klein zusammen: Bilden Sie zwei altersgemischte Gruppen. Eine Gruppe ist der „Vorsprecher", eine Gruppe bildet das Echo.
Die Vorsprecher-Gruppe muss sich passende Wörter ausdenken. Das ist nicht immer einfach. Als Hilfe können Sie ein paar Memory-Karten oder ein Bilderbuch mit einfachen Abbildungen zeigen. Die Bilder können für die Wortfindung gewählt werden.

Wie hört sich meine Stimme an?

Bringen Sie einen alten Kassettenrekorder mit in die Gruppe. Lassen Sie die Kinder hineinsprechen, und zeichnen Sie die Stimmen auf.
Das Gerät regt Kinder zu immer neuen Sprechversuchen an.

„Kunterbunt um den Mund"

Damit Wörter beim Zuhörer auch verständlich ankommen, ist eine deutliche Aussprache sehr wichtig. Dabei geht es allerdings nicht um logopädische Übungen und isoliertes Sprechtraining. Durch Lippen-, Zungen- und Pustespiele können die Beweglichkeit, Koordinationsfähigkeit und Geschicklichkeit der Lippen und der Zunge verbessert werden. Ebenso können die Kinder im Spiel üben, Dauer und Stärke des Atemstroms zu steuern.

Auf den Atem kommt es an: Pustespiele

Mit dem eigenen Ausatmen kann man im Spiel wirkungsvolle Effekte erzielen. Kinder sind motiviert, den eigenen Atem gezielt einzusetzen, indem sie intensiv und lange pusten. Wie von Zauberhand fliegen federleichte Dinge durch den Raum oder der Atem erzeugt interessante Geräusche, Töne, Klänge.

Von Pusteblumen und fliegenden Federn

Alter/Entwicklungsstand: ab 1 Jahr
Mitspieler: 1–4 Kinder
Material (nach Wahl): Seifenblasen-Spiel, Spiegel,Watte, Federn etc.
Ort/Raum: Gruppenraum, Bewegungsraum, Freigelände
Spielanleitung:

- Machen Sie selbst eine *„Puste-Massage"* bei einem Kind, indem Sie ihm (z. B. während des Wickelns) gezielt auf einzelne Körperteile pusten, sodass der Luftstrom das Kind sanft massiert.
- Schon Ende des 1., Anfang des 2. Lebensjahres haben Kinder Spaß an *Seifenblasen*. Zunächst gelingt es den Kindern besser, hinter fliegenden Seifenblasen herzukrabbeln oder -zulaufen und nach ihnen zu schlagen als selbst zu pusten. Mit der Zeit ahmen die Kinder allerdings die Erzieherin nach, wenn sie beobachten, wie sie beim Pusten die Lippen spitzt.
- Wir *pusten* unser *Mittagessen* oder einen heißen *Tee* kalt.
- Eine weitere Puste-Übung: Wir *hauchen* in die eigene *Hand*, z. B. wenn sie kalt ist.

- Was passiert, wenn wir gegen eine kalte *Fensterscheibe*, gegen einen *Spiegel* pusten? Wir können auf der Scheibe/dem Spiegel mit den Fingern kritzeln und malen. Wie wäre es mit einem *Küsschen* für das eigene Spiegelbild?
- Draußen pusten wir gegen verblühten *Löwenzahn* und staunen über die Wirkung.
- Wir pusten gegen eine *Windmühle* aus Papier.
- Der Teddy/die Puppe hat sich *verletzt*? Wir pusten und sagen „Heile, heile Segen".

Groß und klein zusammen: Ältere Kinder pusten mit einem Strohhalm in ein gefülltes Wasserglas. Auch Watte, Federn, Konfetti, Luftschlangen … eignen sich für Pustespiele. Wer kann – z. B. beim Kindergeburtstag – eine Kerze auspusten? Aufblasbare Papierschläuche („Lufttrüssel"), Heulrohre, Plastikflaschen, Pappröhren (die man am unteren Ende mit Transparent- oder Pergamentpapier zuklebt) erzeugen beim Pusten interessante Geräusche.

Verse rund ums Atmen

Alter/Entwicklungsstand: ab 2 Jahre
Mitspieler: Kleingruppe

Mühle, Mühle dreh dich im Wind: *geschwind.*	Die Arme vor dem Körper geschwind übereinander drehen.
Doch plötzlich: oh Schreck,	Plötzlich innehalten.
der Wind, der ist weg.	Arme regungslos vor dem Körper halten.
Kein Flügel sich dreht.	
Meine Mühle, sie steht.	
Da fällt mir was ein:	
Ich puste hinein.	Mehrmals die Arme „anpusten"
Hu-hu-hu	
Zzzzzzzz	
ffffffffff	
Mühle, Mühle dreh dich im Wind: *geschwind, geschwind.*	Jetzt dreht die Mühle sich wieder und die Arme bewegen sich erneut vor dem Körper.

Autorin

10.

Luftballon

Alter/Entwicklungsstand: ab 2,5 Jahre
Mitspieler: Kleingruppe
Material: eventuell Luftballon

Jetzt nehme ich aus dem Karton
einen bunten Luftballon.

Nehmen Sie pantomimisch einen Luftballon mit den Fingerspitzen aus einem „Karton".

Blas ihn auf („fffff") mit dicken Backen.
Den kriegt wohl kein Wind zu packen.

Bilden Sie mit einer Hand eine Faust und pusten hinein.

„Da hast du aber falsch gedacht!" –
ruft jetzt der Wind und lacht mit Macht
(„hahahaha").

Kaum ist fertig der dicke Luftballon,
trägt ihn schon der Wind davon.

Zeigen Sie mit beiden Händen einen dicken, runden Luftballon.

Steigt hinauf zum Himmelszelt,
schaut von oben auf die Welt.

Zeigen Sie mit beiden Armen hinauf zum Himmel.

„Gute Reise, Luftballon,
grüß die Wolken, flieg davon!
Schreib mal eine Urlaubskarte!
Denk daran: Ich warte!"

Winken Sie dem Luftballon nach.

Autorin

Variation: Spielen Sie das Spiel mit einem realen Luftballon, den Sie aufpusten und im Raum umher fliegen lassen.
Spielen Sie im Anschluss „Luftballon wegpusten". Ein Luftballon wird mitten auf den Tisch gelegt. Jedes Kind darf einmal versuchen, ihn durch Anpusten vom Fleck zu bewegen.
Groß und Klein zusammen: Erzählen Sie eine Geschichte vom Luftballon, der hoch durch die Luft fliegt. Wen trifft der Luftballon? Die Wolken? Ein paar Vögel? Ein Flugzeug? Fragen Sie die Kinder, wohin die Reise gehen könnte. Regen Sie die Gruppe auf diese Weise zum Sprechen an!

Seifenblasen

Alter/Entwicklungsstand: ab 2,5 Jahre
Mitspieler: Kleingruppe

Heute mach' ich Seifenblasen. *Wo? Natürlich auf dem Rasen.*	Mit der Hand eine runde Form (Seifenblasen) andeuten.
Puste einmal („hu"), *zweimal („huhu"),* *dreimal („huhuhu") …*	In die vorgehaltene Hand pusten.
Schon fliegen viele bunte Blasen … *und landen schließlich auf dem Rasen.*	Mit den Fingern viele fliegende Blasen zeigen und auf der Erde landen lassen.
Doch jetzt packt mich das Abenteuer:	
Will eine Seifenblase *groß wie ein Ungeheuer.*	Eine besonders große Blase („Ungeheuer") andeuten.
Ich puste nun so fest ich kann *(„huuuuuu").*	Besonders stark in die Hand pusten.
Und sieh mal an:	
Da steigt vor meiner Nase *zum Himmel eine bunte Riesenblase.*	Mit Armen und Händen eine besonders dicke Blase zeigen.

Autorin

Variation: Sie können vor, während oder im Anschluss an das Sprach- und Pustespiel wirkliche Seifenblasen steigen lassen. Sie tauchen eine Spirale in Seifenlösung (Pustefix), und jedes Kind darf einmal pusten und/oder fangen. Bei Kleinkindern bitte nur unter Aufsicht!
Hinweise: Beim Sprechen ist die Ausatmung aktiv verlängert. Durch einfache Atemspiele lernen die Kinder, die Atemluft beim Ausatmen zu steuern und zu dosieren. Das ist am Anfang nicht leicht, gelingt aber mit zunehmendem Alter immer besser.

10.

Mundmotorik kinderleicht

Eine gute Mundmotorik ist eine wichtige Voraussetzung für eine gesunde Sprachentwicklung. Durch Saugen, Atmen, Blasen/Pusten, Kauen … werden Atmung und Artikulation (mit Zunge, Lippen, Kiefer, Gaumensegel …) gefördert.

Flaschenkinder, aufgepasst!!!

- *Saugen, Schlucken, Kauen* bereiten die artikulatorische Koordination vor und fördern die Entwicklung der Sprechbewegungen.
- Stillen regt alle Muskeln im Mund auf natürliche Weise funktionsgerecht an. Beim Trinken aus einer Flasche sollte der *Flaschensauger* eine kleine Öffnung haben, da das Kind dadurch zu verstärktem Saugen angeregt wird.
- Langer *Schnullergebrauch* kann dazu führen, dass die Bildung von Sprachlauten und die Kommunikation reduziert werden. Deshalb: Schnuller nicht dauernd um den Hals hängen lassen. Besser: behutsam abgewöhnen.
- Babys sollten früh aus offenem *Becher* oder *Glas* trinken.
- *Feste Nahrung* kräftigt Mund- und Gesichtsmuskulatur (Möhren, Äpfel, Vollkornbrot).

Wozu ist der Mund nun da?

Alter/Entwicklungsstand: ab 3 Jahre
Mitspieler: Kleingruppe

Ist der Mund zum Pusten da? …
Ja, ja, ja.
Der Mund, der ist zum ***Pusten*** *da.*

Die Erzieherin stellt die Frage, zeigt auf ihren Mund und pustet. Gemeinsam mit den Kindern antwortet sie („ja, ja, ja“… Der Mund, der ist zum Pusten da.“ Sie fordert die Kinder auf, kräftig zu pusten.

Ist der Mund zum Husten da …
Ja, ja, ja
*Der Mund, der ist zum **Husten** da.*

Wieder stellt die Erzieherin Fragen.

Ist der Mund zum Küssen da?…
Ja, ja, ja.
*Der Mund, der ist zum **Küssen** da.*

Mundbewegung und Geräusch werden jeweils vorgemacht und von den Kindern nachgeahmt.

Wozu ist nur die Zunge da?
Ist sie vielleicht zum Schlecken da?…
Ja, ja, ja.
*Die Zunge ist zum **Schlecken** da.*

Ist der Mund zum Essen da …
Ja, ja, ja.
*Der Mund, der ist zum **Essen** da.*

Ist der Mund zum Singen da?…
Ja, ja, ja.
*Der Mund, der ist zum **Singen** da.*

Zum Schluss singen alle ein kleines Lied.

Autorin

Hinweise: Selbst wenn die Kinder noch nicht alle Wörter verstehen, so können sie doch das „ja, ja, ja" im Chor mitsprechen.

Zungenbrecher für kleine Zungen

Beim Sprechen spielt auch die Aussprache/Artikulation eine Rolle. Hier geht es um Sprachbewegungen, Atmung, Stimmgebung, um Hören und Unterscheiden von Lauten (*K*eller ist etwas anderes als *T*eller, *H*und etwas anderes als *M*und).
Manche Wörter werden von Anfang an richtig ausgesprochen, für manche benötigt das Kind viel Übung (z. B. „Ade", „Lade", „Totolade", Sokolade", „Schokolade"). Fehlerhafte Artikulation ist zunächst meist entwicklungsbedingt und verliert sich wieder. Hartnäckige Fehler (Dyslalie) sollten beobachtet bzw. behandelt werden (ab etwa 3,5 Jahren).

10.

Ma, Me, Mi ...

Alter/Entwicklungsstand: ab 6 Monate als Massagespiel – ab 1,5 Jahre zum (teilweise) Mit-Sprechen
Mitspieler: 1Kind (oder Kleingruppe)

Ma, me, mi, mo, mu *aus bist du!*	Wenn Sie nur mit einem Kind spielen, dann kitzeln Sie zu „Ma, me, mi, ..." jeweils einen Körperteil. Bei „aus bis du"... kitzeln Sie den Bauch.

Überliefert

Variation: Wenn Sie mit mehreren Kindern spielen (z. B. im Kreis), dann tippen Sie bei jeder Silbe ein anderes Kind an. Was können die Kinder schon mitsprechen?
Groß und Klein zusammen: Ältere Kinder benutzen „Ma, me, mi ..." als Abzählvers. Bei „aus bist du!" muss das angetippte Kind ausscheiden. Wer bleibt übrig? Derjenige darf sich etwas wünschen, z. B. ein Spiel vorschlagen.

Pi-pa-po

Alter/Entwicklungsstand: ab 6 Monate als Massagespiel – ab 1,5 Jahre zum (teilweise) Mitsprechen.
Mitspieler: 1 Kind (oder Kleingruppe)

„Da-da-da", sagt Mama. *„Na-na-na", sagt Papa.* *„Pi-pa-po", sagt der Flo.*	Kitzeln/massieren Sie zu den Silben verschiedene Körperteile. Bei „Pi-pa-po" kitzeln Sie das Kind am Bauch oder an der Nasenspitze.

Autorin

Variation: Die Kinder zeigen zu „Da-da-da" und „Na-na-na" abwechselnd die rechte und linke Hand (bzw. den rechten und linken Fuß). Bei „Pi-pa-po" tippen sie sich selbst mit dem Finger auf die Nase oder den Bauch.

Da ist die Laus

Alter/Entwicklungsstand: ab 2 Jahre
Mitspieler: 1 Kind oder Kleingruppe
Material: eventuell eine Rosine o. ä. für die „Laus"

Da ist die Laus,	Kind hält mit Fingern eine Rosine („Laus") und
die wohnt in einem Haus.	legt sie in ein Haus (andere Hand öffnen/schließen).
Da kommt die Maus	Die verbleibende Hand krabbelt über den Tisch
und holt die Laus heraus.	und holt die Rosine aus dem Haus (geschlossene Hand).
	Zum Schluss darf die Rosine aufgegessen werden.

Autorin

Billi Blümchen

Alter/Entwicklungsstand: ab 1,5 Jahre (teilweise können Silben/Wörter mitgesprochen werden)
Mitspieler: 1 Kind oder Kleingruppe

Der erste heißt Babba.	Zeigen Sie den ersten, zweiten, dritten,
Der zweite heißt Bobbo.	vierten, fünften Finger und sprechen Sie dazu.
Der dritte heißt Bubbu.	
Der vierte heißt Bienchen.	
Der fünfte heißt Billi Blümchen.	

Überliefert

Variation: Nehmen Sie statt der Finger Stofftiere, die Sie hintereinander mit „Babba", „Bobbo" usw. vorstellen.

11.

Rundherum in meiner Welt: Bücher und Geschichten

Wer kennt das nicht? Schon die Kleinsten schleppen immer wieder das Lieblingsbuch heran, wollen die Bilder betrachten und dazu erzählen. Hier beginnt schon früh die sog. „Literacy-Erziehung". Kinder mit reicher „Literacy"-Erfahrung in früher Kindheit haben längerfristig Entwicklungsvorteile, sowohl im Bereich der Sprachkompetenz als auch beim späteren Lesen und Schreiben. Scheuen Sie sich nicht, schon einem Baby eine kleine Geschichte zu erzählen oder vorzulesen. Es ist ein Irrtum, dass dies Zeitverschwendung ist. Die kuschelige Nähe, der Klang Ihrer Stimme, die wahrgenommenen Wörter, die Satzmelodie – all dies ist Nährboden, auf dem die Sprachentwicklung wächst und gedeiht.

„Was seh' ich da?"- Erste Bilder

Bilderbuchbetrachtungen gehören nachweislich zu den wirksamsten Formen der Sprachförderung bei Kleinkindern, vor allem, wenn die Betrachtung als Dialog gestaltet wird. Erste Bücher sollten stabil, handlich, vielleicht sogar abwaschbar sein. So können sie von den Kleinsten nach Herzenslust herumgeschleppt werden.

„Ball, Blume, Hund" – na und?

Alter/Entwicklungsstand: ab 1 Jahr
Mitspieler: 1-3 Kinder
Material: erstes Bilderbuch mit großen Abbildungen aus der Erfahrungswelt des Kindes (z. B. Teddy, Schuhe, Spieluhr, Apfel, Blume, Schiff, Badeente, Brei, Löffel, Spielzeugauto, Ball etc.) – ohne Text
Tipp: Für Babys gibt es Bücher aus Stoff bzw. abwaschbarem Kunststoff – auch Fühlbücher zum Greifen/Tasten.
Ort/Raum: Kuschelecke, Krippenbereich, Leseecke
Hinweise: Schauen Sie die Bilder etwas abseits vom Gruppengeschehen an. Lassen

Sie eine entspannte, gemütliche Atmosphäre entstehen. Wie wäre es mit Kissen oder einem Sofa? Ein einzelnes Kind kann auf Ihrem Schoß sitzen. Achten Sie beim Anschauen der Bilder auf guten Lichteinfall.

Spielanleitung: Lassen Sie zunächst jedes einzelne Bild auf das Kind wirken. Hören Sie zu, was die Kinder von sich aus zu den Bildern erzählen. Die Allerkleinsten haben Freude daran, vielleicht mit dem Finger auf das jeweilige Bild zu tippen und das passende Wort zu sagen. „Da, Auto!", „Ba" (damit ist ein Ball gemeint). Vielleicht kommen sie über die Phase des bloßen Benennens hinaus. Gehen Sie auf den genannten Begriff ein, indem Sie ihn in einem Satz wiederholen, kommentieren, umschreiben. „Ja, das ist ein Hund ... Du hast Recht. Der Hund macht wau-wau." Ein anderes Kind bemerkt vielleicht: „Da" (und tippt auf das Hundehalsband, das der Hund um den Hals trägt). Erzieherin: „Genau, da ist ein Halsband,... der Hund trägt ein Halsband." Vielleicht erzählt sie, dass sie selbst einen Hund zu Hause hat. Auch ihr Hund trägt ein Halsband ...

Wichtig: Fragen Sie die Kinder nicht bloß ab („Was ist das?" oder: „Wo ist der Hund?"). Hier kann das Kind nur mit „da" antworten bzw. den gesuchte Begriff nennen. Lassen Sie die Situation so offen wie möglich (weitere Tipps siehe unter: „Schauen, verstehen, erzählen")

Variation: Im Anschluss an die Bildbetrachtung können wir einen der im Buch abgebildeten Gegenstände für ein Spiel nutzen z. B.:

- *Hund* (wir krabbeln wie Hunde, werden wie Hunde gestreichelt, ...)
- *Spieluhr* (ziehen eine reale Spieluhr auf, lauschen dem Klang)
- *Apfel* (schnuppern an einem Apfel)
- *Ball* (wir rollen einen Ball, ...)
- *Badeente* (wir lassen die Ente in einer Schüssel mit Wasser schwimmen)

Groß und klein zusammen: Stöbern Sie mit großen und kleinen Kindern in Prospekten und Katalogen (Themen z. B.: Spielzeug, Tiere, Nahrungsmittel, Kleidung, Fahrzeuge, ...). So zeigt z. B. ein kleines Kind mit dem Finger auf das Bild einer Banane und sagt „Da" oder „Nane". Ein älteres Kind nennt das passende Wort: „Banane". Ältere Kindergartenkinder schneiden für die Kleinen beliebte Gegenstände aus und kleben sie auf ein großes Blatt. So können die Kleinen Gegenstände wieder erkennen und benennen.

Tipp: Kleben Sie die Abbildungen auf einzelne Pappkarten oder Bierdeckel. Verwenden Sie die Karten als Spiel, indem Sie die Karten nacheinander umdrehen. Wer erzählt, was da zu sehen ist?

Benutzen Sie solche Spiele aber nicht als Training. Die Spielfreude muss im Vordergrund stehen.

11.

„Was geht da vor?" – Szenen und Geschichten

Nach den ersten *Elementarbilderbüchern*, die meist nur einzelne Gegenstände zeigen, erfreuen sich die Kinder zusehends an Büchern, die *Szenen, Situationen, Handlungen* abbilden: das Müllauto kommt, der Bauer fährt Heu ein, die Tiere im Zoo werden gefüttert, beim Kaufmann wird eingekauft. Viele Bücher behandeln das, was die Kleinsten bewegt: Körperpflege, Töpfchensitzen, Schnuller, erster Trotz … Während Szenen-Bücher meist eine einzelne Situation deutlich hervorheben, geht es bei sog. *„Wimmelbildern"* oft drunter und drüber. Auf solchen Bildern können kleine Kinder mit den Augen spazieren gehen und viele Kleinigkeiten entdecken. Zunehmend spielen auch zusammenhängende Handlungen und Geschichten eine Rolle (mit und ohne Text). Neben realistischen Szenen aus dem Alltag freuen sich Kinder auch an komischen Darstellungen/Handlungen und an märchenhaften, fantastischen Geschichten.

Schauen, verstehen, erzählen

Alter/Entwicklungsstand: ab 2 Jahre
Mitspieler: 1–3 Kinder
Material: Szenenbilderbuch, auch Bildgeschichte (zum Teil mit kurzem Text), Thema nach Interesse/Erfahrungen
Hinweise: Das Anspruchsniveau des Buches (Sprache, Darstellung) sollte dem Entwicklungsstand des Kindes leicht vorauseilen.
Ort/Raum: Kuschelecke, Krippenbereich
Spielanleitung:

- Achten Sie bei der Buchbetrachtung auf viel Zuwendung und eine entspannte Atmosphäre. So werden auch zurückhaltende bzw. weniger sprachgewandte Kinder zum Sprechen animiert.
- Beobachten Sie die Kinder: Schauen/hören sie interessiert zu? Was erzählen sie?
- Wenn Sie Fragen stellen, dann solche, die das Kind zum Nachdenken anregen („Was macht der Trecker da ? Warum hat das Feuerwehrauto ein Licht und macht tatüt-tata?" … „Wie geht es weiter?"…)
- Bücher sind zum Anfassen da. Kinder sollten Seiten selbst umblättern bzw. zurückblättern, auf Bildteile mit dem Finger tippen. Ideal sind Tast-Bilderbücher mit verschiedenen Oberflächen und Materialien – auch zum Aufstellen (Leporellos).
- Wenn das Buch Text hat, dann sollten Sie ihn zunächst mit eigenen Worten erzäh-

len. Auf diese Weise können Sie die Worte direkt auf die Kinder „zuschneiden". Vorlesen hat aber auch Vorteile: Der häufig wiederholte, gleiche Text prägt sich ein. Kinder bestehen oft darauf, immer das Gleiche zu hören. Davon profitieren deutlich auch Kinder mit Migrationshintergrund.

Tipp: Unübersichtliche Szenenbücher mit „Wimmelbildern" können Sie für Kleinkinder „zerlegen", indem Sie mit einem DIN-A 4-Bogen Bildteile abdecken. Sie können auch eine Öffnung in ein Blatt Papier schneiden und das Blatt hin und her bewegen. Die Bilder erscheinen dann wie auf einem kleinen „Bildschirm": Der Bildausschnitt kann so lange wie gewünscht betrachtet werden.

„Self made" - Bücher aus eigener Hand

Kinder so früh wie möglich an Bücher zu gewöhnen, stellt wichtige Weichen für die zukünftige Lernentwicklung. Bücher sind zum Anfassen und Angucken da. Sie gehören sozusagen ins „Handgepäck". So entwickeln sich Bücher zu „Gebrauchsgegenständen". Der Zugang zum Buch ist besonders hautnah und handlungsbezogen, wenn das Buch selbst gestaltet ist.

Material-Buch zum Sehen und Tasten

Alter/Entwicklungsstand: ab 6 Monate (z. B. Stoffbücher)
Mitspieler: 1–3 Kinder
Material: ca. 6 Bögen dicker Pappe (DIN-A 4 oder 5) für die Buchseiten, dazu Locher und Kordel oder Band. Dinge zum Aufkleben: Fell, Schmirgelpapier, Spiegelfolie, unterschiedliche Stoffe, Wellpappe u. ä.
Statt Pappe können Sie für die Buchseiten bei Babys auch dicken Stoff (Frottee, dicken Filz, …) nehmen. Zudem: Knöpfe, verschiedene Stoffe, Bommel, Bänder, Perlen, …
Spielanleitung: Stanzen Sie in jedes Stück Pappe zwei Löcher. Fädeln Sie durch alle Pappen Kordel/Band, und binden Sie die Seiten anschließend zu einem Buch zusammen. Kleben Sie auf jede Buchseite ein anderes Material.
Für Stoffbücher: Stoffbahnen zuschneiden, wie Buchseiten mit Nadel und Faden zusammenheften und auf jede Seite ein anderes Material (z. B. Knöpfe, Fell …) nähen. Lassen Sie die Kinder die Seiten betasten. Je nach Sprachentwicklung verwenden Kinder zwischen 2 und 3 Jahren erste Adjektive. Passende Wörter für das Ertastete

zu finden (warm, weich, rauh ...) ist noch schwierig. Deshalb kann die Erzieherin im Dialog zutreffende Adjektive nennen, die sich das Kind dann mit der Zeit merkt. Die vielen Tastrezeptoren in den Fingerspitzen aktivieren das Gehirn.

Minigeschichten für Plappermäulchen

Zwischen 2 und 3 Jahren beginnen Kinder damit, einer Geschichte zuzuhören, deren Inhalt sie zum Teil sogar selbst nacherzählen können. Sie berichten von Erlebnissen aus dem Alltag (manchmal noch „bruchstückhaft"). Zwischen 2,5 und 3,5 Jahren erzählen sie sogar von Ereignissen, die an einem anderen Tag passiert sind.
Anfang bis Mitte des dritten Lebensjahres fangen Kinder damit an, sich untereinander zu unterhalten (vorher nur gelegentliche Sprachkontakte). Sie unterhalten sich in einfachen Sätzen, reagieren aber nicht immer direkt inhaltlich aufeinander.
Fördern Sie die „Erzählkultur". Sprechen Sie mit den Kindern über das, was im Alltag (z. B. in der Kita) passiert ist oder was sie gemeinsam miteinander spielen möchten.
Auch ganz kurze Geschichten sind beliebt. Sie lassen sich durch eine Handpuppe, durch ein Bild, darstellendes Spiel, passende Gegenstände veranschaulichen. Auch ein Reim, ein Lied oder Instrument kann man in eine Geschichte einfügen.

Das neugierige Entchen

Alter/Entwicklungsstand: ab 2 Jahre
Mitspieler: Kleingruppe
Material: kleine Plastikente für die Badewanne, Schüssel mit Wasser
Ort/Raum: Gruppenraum oder Freigelände
Spielanleitung: Stellen Sie die Schüssel mit Wasser in die Mitte. Zeigen Sie den Kindern die Plastikente und beginnen Sie Ihre Erzählung:

Seht ihr die kleine Ente? Die kleine Ente wohnt mit ihrer Mutter und ihrem Vater in einem Entenhaus an einem großen See.
Am liebsten schwimmt sie munter auf dem Wasser umher.
Setzen Sie nun die Ente in die Schüssel.
Manchmal taucht sie ihren Kopf unter Wasser, um ein Blatt oder eine Schnecke zu fressen. Dann schaut nur noch ihr Schwänzchen aus dem Wasser.
Tauchen Sie den Entenkopf unter Wasser.

Einmal ist das Entchen ganz weit auf den See hinaus geschwommen.
Papa und Mama Ente haben das kleine Entchen gerufen: „Entchen, wo bist du? Komm nach Hause. Es wird gleich dunkel!"
Das Entchen hat nichts gehört. Es hatte gerade wieder einmal den Kopf unter Wasser.
Ente untertauchen! ...
Wiederholen Sie das Rufen („Entchen, wo bist du?") mehrere Male mit den Kindern.
„Am Ende ist das Entchen wieder aufgetaucht. Es hat gehört, wie Papa und Mama gerufen haben ... Da ist es gleich nach Hause geschwommen.
Papa und Mama Ente haben sich gefreut ... Das Entchen hat sich gleich ins Stroh gelegt und ist eingeschlafen.
Nehmen Sie die Ente aus dem Wasser. Bilden Sie aus beiden Händen ein Haus oder Nest.
Autorin

Variation: Singen Sie „Alle meine Entchen" mit den Kindern. Lassen Sie die Kinder mit der Ente oder mit mehreren Schwimmtieren spielen und erzählen.

Max sagt „Nein"

Alter/Entwicklungsstand: ab 2,5 bzw. 3 Jahre
Mitspieler: Kleingruppe
Material: eventuell eine große Puppe und diverse Gegenstände (z. B. Tasse, Apfel, Bilderbuch, ...)
Tipp: Setzen Sie eine große Puppe auf Ihren Schoß. Erzählen Sie die Geschichte, und richten Sie dabei die Fragen aus der Geschichte an die Puppe (Max). Die Kinder können Max ebenso Fragen stellen.
Spielleitung:

Die Mutter stellt Max eine Tasse Kakao auf den Tisch. Max trinkt gern Kakao.
Doch heute schüttelt Max den Kopf: „Nein, nein, ich will keinen Kakao trinken."
„Möchtest du lieber einen süßen Apfel essen?", fragt die Mutter.
Max sagt: „Nein, nein, ich will keinen Apfel.
„Möchtest du lieber ein Bilderbuch anschauen?"
„Nein, nein", antwortet Max, „ich will kein Bilderbuch."
(Die Kinder können weitere Vorschläge machen, die Max immer mit „nein" beantwortet ...)
Der Mutter fällt gar nichts mehr ein. Was ist nur mit ihrem Mäxchen los?

Doch dann hat sie eine Idee:
„Sag, was du essen willst, Max ? Oder willst du lieber spielen?"
Max denkt nach. Er ist gar nicht auf die Frage vorbereitet. Was soll er nur antworten?
„Ich will …", sagt Max. „Ich will …"
Da kommt die Mutter ihm zu Hilfe: „Ich habe selbst gebackenen Kuchen …
Und vielleicht trinkst du dazu sogar eine Tasse Kakao."
„Ja", lacht Max, „Kuchen und Kakao."
Autorin

Hinweise: Max ist offensichtlich im Trotzalter und möchte seinen Willen durchsetzen. Aber im Grunde weiß er gar nicht so genau, was er eigentlich will. Erst als er merkt, dass er „nein" sagen darf und trotzdem ernst genommen wird, lässt er sich überreden, seinen Kakao zu trinken.

Der süße Brei

Alter/Entwicklungsstand: ab 3 Jahre
Mitspieler: Kleingruppe
Material: eventuell Kochtopf und Kochlöffel
Spielanleitung: Lesen oder erzählen Sie den folgenden Märchentext mit eigenen Worten (vereinfachte Fassung). Sprechen Sie langsam und deutlich. Achten Sie auf Pausen.
Hinweis: Stellen Sie vielleicht einen Kochtopf vor den Kindern auf. Verdeutlichen Sie mit Gesten, wie der Brei kocht und über den Topfrand hinaus läuft …
Zeigen Sie mit einem großen Löffel, wie sich die Menschen, die in die Stadt wollten, durch den ganzen Brei durchessen mussten.

Es war einmal ein Mädchen, das wohnte mit seiner Mutter zusammen in einem Haus. Mutter und Kind hatten großen Hunger. Da ging das Kind in den Wald. Dort traf es eine alte Frau, die schenkte ihm ein Töpfchen.
Das Kind sollte zu dem Töpfchen sagen: „Töpfchen koche". Schon kochte das Töpfchen süßen Brei. Wenn es sagte: Töpfchen steh", so hörte der Topf wieder auf zu kochen.
Das Mädchen brachte den Topf seiner Mutter nach Hause. Jetzt hatten Mutter und Kind genug zu essen. So oft sie wollten, kochte das Töpfchen süßen Brei.

Einmal ging das Kind aus dem Haus. Die Mutter war mit dem Töpfchen allein. Da sagte die Mutter: „Töpfchen koche". Da kochte das Töpfchen.
Die Mutter aß den Brei, bis sie satt war. Dann sollte das Töpfchen wieder aufhören, aber die Mutter wusste das Zauberwort nicht. Also kochte das Töpfchen und kochte und kochte ... Der Brei lief über den Topf hinaus, durch die Küche, durch das ganze Haus, über die Straße ... Die ganze Stadt war voller Brei.
Endlich, als nur noch ein einziges Haus aus der ganzen Stadt zu sehen war (alle anderen Häuser waren voller Brei), da kam das Kind nach Hause.
Es saget das richtige Zauberwort: „Töpfchen steh". Gleich hörte das Töpfchen auf zu kochen ...
Aber die ganze Stadt war voller Brei.
Jeder Mensch, der in die Stadt hinein wollte, musste einen großen Löffel nehmen und sich durch den ganzen Brei durchessen.

Nach Gebrüder Grimm

Groß und Klein zusammen: Kochen Sie mit älteren Kindern gemeinsam Brei. Erzählen Sie vor dem Essen das Märchen.

12.

„Guten Tag, was möchten Sie?" – Erste Rollenspiele

„Als-ob-Spiele" können wir schon bei 12–14 Monate alten Kindern beobachten. Das Kind tut z. B. so, als würde es schlafen. Oder es nimmt die Puppe auf den Arm und gibt ihr etwas zu essen. Dabei verhält es sich selbst so wie die Mutter. Die Puppe wird zum Kind. Es spricht mit der Puppe, kämmt sie, wäscht sie, legt sie ins Bett. Im Rollenspiel drückt das Kind Erlebnisse und Gefühle aus, erfasst Situationen, stellt sich auf Spielpartner ein, hört ihnen zu, teilt sich zum Teil auch sprachlich mit.

Klamottenkiste

Sammeln Sie abgelegte Sachen (Kleidungsstücke, Hüte, Taschen, Requisiten), dazu alte Laken, Tücher, Schals in einer speziellen Kiste. Ein Spiegel in Körpergröße hilft bei der Anprobe. Kostüme und Zubehör regen Kinder zu Rollenspielen an.

Familienspiele

Kleine Kinder ahmen das begeistert nach, was sie im täglichen Leben immer wieder sehen und erleben. Rollenspiele um Haushalt und Familie sind sehr beliebt.

In der Puppenwohnung

Alter/Entwicklungsstand: ab 2 Jahre
Mitspieler: 1–3 Kinder
Material: kleine Pappkartons, Wecker, kleine Kissen, Kochgeschirr/Essgeschirr (für Puppen oder in realer Größe), Löffel, Handtuch, Kamm, Puppenkleidung u. ä.
Ort/Raum: ruhige Ecke im Raum
Spielanleitung: Legen Sie in einen umgedrehten Pappkarton kleine Kissen und Decken. Aus anderen Kartons werden Tisch, Stühle, Herd.
Initiieren Sie ein kurzes Spiel, die Puppe liegt z. B. im Bett und schläft. Dann klingelt der Wecker. Die Puppe muss aufstehen. Benennen Sie gemeinsam mit den Kindern die verschiedenen Vorgänge:

- „Wir waschen die Puppe."
- „Wir trocknen die Puppe mit einem Handtuch ab … Jetzt ist die Puppe sauber."

- „Was machen wir jetzt?"
- „Wir ziehen die Puppe an (Jacke, Mütze, Schuhe ...)."
- „Wir kämmen die Puppe."
- „Die Puppe hat Hunger. Was möchte sie essen?" (verschiedene Nahrungsmittel benennen)
- „Wir kochen für die Puppe!" (Rosinen, Nudeln, ...)

Bitte beachten: Steigen Sie selbst als Erzieherin rechtzeitig aus dem Spiel aus. Treten Sie in den Hintergrund. Was tun die Kinder von sich aus?

Variationen: Weitere Möglichkeiten: Geschirr abwaschen, Puppenwohnung fegen, Staub wischen, Staubsaugen, Wäsche waschen, ...

„Birthday": Teddy hat Geburtstag

Alter/Entwicklungsstand: ab 2 Jahre
Mitspieler: 1–3 Kinder
Material: Teddybär, Kerze, Streichhölzer, Wasserglas, dazu: Puppenstuhl, Puppentisch, diverse Gegenstände (als Geschenke für Teddy), eventuell altes Seidenpapier oder kleine Kartons
Ort/Raum: ruhige Ecke im Raum
Spielanleitung: Legen Sie eine Tischdecke auf einen Pappkarton oder einen Puppentisch. Stellen Sie eine brennende Kerze in einem Wasserglas auf den Tisch. Erzählen Sie den Kindern: „Heute hat Teddy Geburtstag. Was wollen wir ihm schenken?"
„Ich schenke Teddy eine Ente", sagt vielleicht die Erzieherin.
Nun suchen alle nach weiteren Geschenken für Teddy.
„Auto" sagt vielleicht ein Kind oder „Ball". Vielleicht machen auch ältere Kinder Vorschläge: „Ich schenke Teddy ein Buch." ...
Gemeinsam mit älteren Kindern werden die Geschenke in altes Papier oder in kleine Kästen gepackt.
Nun singen wir ein Geburtstagslied. Dann helfen wir beim Auspacken der Geschenke, nennen noch einmal die Namen der Spielzeuge, die Teddy geschenkt bekommt.
Beobachten Sie dann, wie die Kinder von sich aus die Spielszene weiter entwickeln.

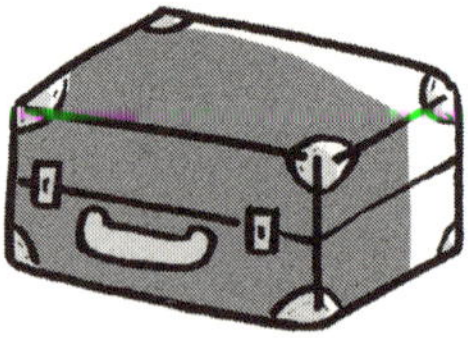

Wir verreisen

Alter/Entwicklungsstand: ab 2,5 Jahre
Mitspieler: Kleingruppe
Material: 1 kleiner Koffer, 1 Teddy (eventuell 1 großer Koffer für die Kinder), diverse Sachen für die „Reise" (nach Wahl)
Spielanleitung: Öffnen Sie den Koffer vor den Augen der Kinder. Erklären Sie, dass der Teddy (oder eine Puppe) in Urlaub fahren möchte. Fährt er mit dem Auto? Oder mit dem Zug? … Vielleicht erzählen einige Kinder von ihrem eigenen Urlaub mit ihrer Familie … Wer in Urlaub fährt, braucht einen Koffer. Die Erzieherin öffnet den Koffer und fragt: Was nimmt Teddy mit? Was soll in den Koffer?
Wenn die Kinder verschiedene Begriffe genannt haben, werden die Sachen herbeigeholt und in den Koffer gepackt (z. B. Jacke, Hose, Mütze, Seife, Handtuch, …).
Groß und Klein zusammen: Mit älteren Kindergartenkindern können Sie richtig diskutieren: Braucht der Bär wirklich Süßigkeiten? Das schadet doch seinen Zähnen. Aber dafür hat er doch eine Zahnbürste. Übrigens: Was essen Bären eigentlich?
Variation: Wir packen einen großen Koffer für alle Kinder der Gruppe. Jedes Kind darf ein Teil nennen, das es mitnehmen möchte. Alle Teile wandern in den Koffer.
Sie können den Koffer zum Spielen „freigeben". Der Koffer wird z. B. auf ein Rollbrett oder Rutschauto gelegt und zum „Bahnhof" (Bauecke) gefahren. Dann wird er in einen Zug umgeladen.

Umweltspiele

Sobald Kinder laufen können, entdecken sie zunehmend ihre nähere Umgebung. Ihr „Horizont" erweitert sich. Interesse und Sprachschatz wachsen gleichermaßen.

Auf dem Spielplatz

Alter/Entwicklungsstand: ab 1,5 Jahre
Mitspieler: 1–3 Kinder
Material: 1 langes Brett (angelehnt an Tisch, Stuhl o. ä.),Stofftiere, rollendes Spielzeug
Ort/Raum: Bewegungsraum

Spielanleitung: Heute gehen wir mit allen Stofftieren auf den Spielplatz. Nacheinander dürfen sie ein langes, schräg gelegtes Brett hinunterrutschen. Ein Kind stellt das Tier auf das Brett. Rutscht es? Dazu sagt die Erzieherin laut und deutlich den passenden Begriff, z. B. Hund, Katze, Teddy, Hase, …
Variation: Was kann noch rutschen? Auto, Ball, …
Hinweise: Unzählige Male rutschen die Tiere und Gegenstände. Auf diese Weise prägen sich Begriffe ein. Einige Kinder sprechen die Wörter mit oder nach.

Tiere wollen fressen

Alter/Entwicklungsstand: ab 1,5 Jahre
Mitspieler: 1–3 Kinder
Material: Stofftiere oder Holztiere, Schälchen, als Futter: dicke Perlen, Bausteine o. ä. (eventuell Pappkarton)
Spielanleitung: Suchen Sie in der Gruppe Stofftiere zusammen (ersatzweise Holztiere). Jedes Tier bekommt „Futter" (Bausteine, dicke Perlen …), z. B. in einem Schälchen.
Hinweise: Die Kinder sollen selbstständig unterschiedliches Futter herbeiholen. Regen Sie als Erzieherin die Laut- und Wortbildung an, indem Sie z. B. „wau-wau", oder „piep-piep" von sich geben. Reagieren die Kinder ebenfalls mit Lautbildung?
Groß und Klein zusammen: Fragen Sie die älteren Kinder, was ein Hund, eine Katze oder ein Vogel frisst oder trinkt. Gern lassen Kinder Tiere miteinander sprechen. Wer baut ein Gehege aus Bausteinen oder einen Stall aus einem Karton? Überlassen Sie den Kindern die Szene zum freien Spiel!

Aufladen, abladen: Von Autos und Baustellen

Alter/Entwicklungsstand: ab 1,5 Jahre
Mitspieler: 1–3 Kinder
Material: Kartons, Schnur, eventuell großer LKW, Rollbrett, Wäschekorb u. ä., dazu Materialien zum Be- und Entladen
Ort/Raum: Bauecke
Spielanleitung: Kleinkinder lieben Transportspiele. Die Allerkleinsten bekommen einen Karton mit einem Band daran zum Hinterherziehen.
Regen Sie das Kind dazu an, Gegenstände in den Karton zu laden. Vielleicht fragen

Sie: „Soll die Katze mitfahren?" ... „... die Ente?"... Suchen Sie gemeinsam mit dem Kind nach Dingen, die eingeladen werden können.
Groß und Klein zusammen: Ältere Kinder beladen gemeinsam einen Karton, einen Wäschekorb, ein großes Lastauto, ein Rollbrett.
Tipp: Geben Sie neue Materialien ins Spiel (Kastanien, Dosen, Papprollen, Papier ...). Interessante Materialien regen zu Experimentierspielen und sprachlichen Äußerungen an.
Hinweise: Fahrzeuge machen Geräusche: „Tut-tut-tut-tut",... „brrrrr, brrrrr, brrrrr" – Ermutigen Sie die Kinder, ihr Spiel mit Lautäußerungen zu begleiten!
Auch Präpositionen können beim Fahren und Bauen spielerisch geübt werden: Wir fahren *auf* der Straße, ... *unter* einer Brücke durch, laden Steine *auf* den LKW ...

Telefonspiele

Auf kleine Kinder übt Telefonieren eine magische Anziehungskraft aus. Manche gehen zu Hause ans Telefon, melden sich mit „Hallo, ... bist du?", mischen sich in Telefonate der Eltern ein, experimentieren in unbeobachteten Augenblicken mit Hörer und Tasten. Nutzen Sie das beliebte Instrument „Telefon" für spielerische Sprachförderung.

Telefonieren

Alter/Entwicklungsstand: ab 1 Jahr
Mitspieler: 1-2 Kinder
Material: 1-2 ausrangierte Telefone
Spielanleitung: Überlassen Sie den Kindern ein Telefon zum freien Spiel.
Für Babys gibt es Spieltelefone mit bunten Knöpfen, Klingel ... Hier sind zunächst Geräusche und Tasten interessant.
Ältere Kinder können ausrangierte Telefone der Erwachsenen benutzen. Oft werden erst die Tasten ausprobiert. Dann wird das nachgespielt, was die Großen tun: hineinsprechen!
Sie können als Erzieherin in ein solches Spiel „einsteigen", indem Sie mit einem zweiten Telefon agieren. „Hallo, hallo, Lena ...!"
Groß und Klein zusammen: Mit älteren Kindern können Sie sich richtig unterhal-

ten. So ergeben sich auch Frage-Antwort-Spiele („Hallo Felix! Wie geht es dir? Was spielst du heute? Was hast du heute zum Frühstück mitgebracht?"…) Regen Sie die Kinder an, sich im Spiel gegenseitig „anzurufen".

Ring-ring-Telefon

Alter/Entwicklungsstand: ab 2,5 Jahre
Mitspieler: Kleingruppe
Spielanleitung: Sprechen Sie den folgenden Text:

„Ring, ring" … ruft das Telefon!	Rufen Sie laut „Ring, ring …"
Das ist der neuste Klingelton.	(Auch Klingel/Spieltelefon sind möglich).
Ich greif` den Hörer	Greifen Sie (gemeinsam mit den Kindern)
horch hinein.	pantomimisch zum Hörer.
Wer ruft mich an?	Legen Sie den „Hörer" ans Ohr.
Wer kann das sein?	
Felix? Max? Luise? Klaus?	Wechseln Sie bei den Namen (Felix, Max … usw.)
Oder gar der Nikolaus?	das rechte und das linke Ohr.
Piep, piep, piep, … oh Schreck,	Rufen Sie „piep-piep" (das kann
das Telefongespräch ist weg.	auch ein älteres Kind machen).
Kein Wörtchen mehr, kein Ton,	
kommt jetzt aus dem Telefon.	
Hallo … hallo …	
Na, gut, ihre lieben Leute.	
Ich leg' den Hörer auf …	Legen Sie den „Hörer" geräuschvoll
das war's für heute.	auf den Tisch oder die Erde.

Autorin

13.

„Wie heißt das?" – Spiele für den Wortschatz

Wenn das Kleinkind mit ca. 18 Monaten die 50-Wort-Grenze erreicht hat, beginnt eine regelrechte Wort-Explosion. Ab jetzt können Kinder sehr schnell viele neue Wörter lernen. Kinder entdecken, dass jedes Ding einen eigenen Namen hat. Begierig nehmen sie neue Begriffe auf.

„Bitte anfassen!" – Fühlen und sprechen

Durch Berühren und Tasten bekommt das Kind Informationen über einen Gegenstand (Form, Größe, Gewicht, Oberfläche, ...). Neben den Händen spielen auch die Füße und der Mund beim Tasten eine wichtige Rolle. Die Sprache des Tastsinns ist die früheste aller Sprachen. Lange bevor das erste Wort gelernt wird, hat das Kind schon grundlegende Sinneserfahrungen im Umgang mit vielen Dingen gemacht.
Nutzen Sie die Vorliebe der Kinder, alles anzufassen und zu untersuchen. Nennen Sie die passenden „Be-Griffe", während das Kind Gegenstände mit den Händen erforscht!

Der Krabbelsack

Alter/Entwicklungsstand: ab 2 Jahre
Mitspieler: Klein- oder Großgruppe
Material: 1 Sack, viele vertraute Gegenstände (Spielzeuge, Nahrungsmittel u. ä.)
Spielanleitung: Füllen Sie verschiedene Gegenstände in den „Krabbelsack". Gehen Sie von Kind zu Kind. Jedes darf mit der Hand in den Sack hineingreifen. Ältere Kinder nennen den passenden Begriff, indem sie den Gegenstand zunächst lediglich tasten. Kleine Kinder nehmen den Gegenstand gleich heraus, betrachten und benennen ihn.
Die Erzieherin oder ältere Kinder helfen eventuell bei der Wortfindung
(Ball, Apfel, Banane, Fernglas, Mütze, ...)
Hinweis: Ältere Kinder sollten versuchen, in Sätzen zu sprechen („Das ist eine Puppe"). Achten Sie darauf, dass Kinder nicht unter Druck geraten, unbedingt sprechen zu müssen. Jedes Kind kann auch schweigend den Gegenstand nehmen.

Das Wörter-Monster

Alter/Entwicklungsstand: ab 3 Jahre
Mitspieler: Kleingruppe
Material: Gegenstände nach Wahl (z. B. Schlüssel, Schuh, Brille usw.)
Spielanleitung: Die Erzieherin erzählt von einem Monster, das viele Sachen frisst. Wer möchte Monster sein? Wer setzt sich in die Mitte auf den Boden?
Die Erzieherin fragt das Monster: „Sag, was willst du heute fressen?" „Schuh", antwortet vielleicht das Monster.
Die Kinder sollen das Monster nun umstimmen, ihm alle möglichen Sachen zum Fressen anbieten.
„Da, ein Schlüssel", sagt vielleicht ein Kind.
Oder: „Lecker, Monster, eine Brille."
Das Monster sollte aber immer „Nein", fauchen, bis endlich ein Kind einen Schuh auszieht und dem Monster den gewünschten Schuh zum Fressen überlässt.
Da ist das Monster zufrieden.
Variation: Natürlich darf sich das Monster auch umstimmen lassen. Womöglich frisst es am Ende doch keinen Schuh, sondern nimmt die Brille.
Anschließend kann das Spiel mit einem neuen Monster wiederholt werden.
Groß und klein zusammen: Älteren Kindern kann man es schwerer machen. Das Monster bekommt ein Handtuch über den Kopf gelegt. Es soll die verschiedenen Dinge nur mit den Händen ertasten und benennen.

„Schau mal her!"- Sehen und benennen

Sehen, erkennen, zuordnen, vergleichen, beobachten … Die Augen sind „Fenster zur Umwelt". Sehen und Hören gehören zusammen. Das Kind sieht die Blume und hört das Wort „Blume". Es prägt sich den Zusammenhang ein. Beim nächsten Mal erkennt es die Blume wieder, erinnert sich an den Klang des Wortes, versucht, ihn wiederzugeben. Spiele zur visuellen Wahrnehmung sind ebenso wichtig wie Hör-Spiele. Genaues Beobachten, Unterscheiden und Benennen fördern Sprache.

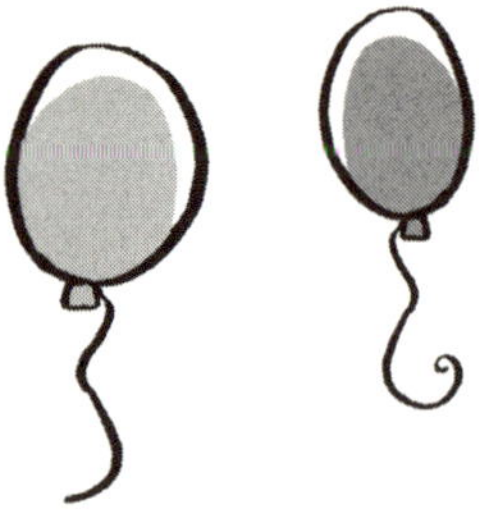

Was macht der Luftballon?

Alter/Entwicklungsstand: ab 2,5 Jahre
Mitspieler: Klein- oder Großgruppe
Material: 1 Luftballon
Ort/Raum: Gruppenraum, Bewegungsraum
Spielanleitung: Zeigen Sie den Kindern einen Luftballon. Mal schauen, was der Luftballon so alles kann:

- Legen Sie den Luftballon an unterschiedliche Orte (Tisch, Fensterbank, ...) Fragen Sie: *Wo* ist der Ballon? Wenn die Kinder nur mit „da" antworten, so vervollständigen Sie z. B.: „Der Ballon liegt auf dem Tisch."
- Geben Sie den Ballon verschiedenen Kindern auf den Schoß. Fragen Sie: „*We*r hat den Ballon?" (Wie heißt das Kind?)
- Lassen Sie den Ballon verschiedenes tun. *Was* macht der Ballon? (er fliegt, ... er tanzt)

Tipp: Lassen Sie die Kinder mit dem Ballon spielen. Während des Spiels kommentieren Sie noch einmal, was der Ballon gerade macht.
Benennen Sie beim Spiel auch Adjektive: „Der Ballon ist leise, leicht" usw.

Da fehlen die Worte

Alter/Entwicklungsstand: ab 2,5 Jahre
Mitspieler: Klein-oder Großgruppe (2 Erwachsene)
Material: je nach Handlung (z. B. ein lustiger Hut, eine Tasse, ein Bilderbuch, ...)
Spielanleitung: Spielen Sie den Kindern stumm etwas vor (dies könnte auch ein großes Kindergartenkind übernehmen). Die Kinder sollen nun erzählen, was Sie gerade tun. Dabei werden Verben (lesen, essen, ...) gebraucht.
Hinweise: Wichtig ist, dass Sie selbst nicht sprechen. Sie sollten langsam spielen und längere Pausen machen. Eine zweite Erzieherin übernimmt die Spielleitung und hilft den Kindern bei der Wortfindung!
Spielanleitung: Die zweite Erzieherin erzählt den Kindern, dass Sie (Frau XY), gerade nicht sprechen können. Ihre Stimme muss sich ausruhen ... Deshalb sollen die Kinder reden. Was macht Frau XY?
Beginnen Sie mit ganz einfachen Gegenständen und Handlungen:

- Setzen Sie sich (stumm) einen lustigen Hut auf den Kopf.
- Ziehen Sie sich die Schuhe aus.

- Gießen Sie sich Tee in eine Tasse und trinken.
- Greifen Sie nach einem Bilderbuch und lesen stumm usw.

Wichtig ist, dass die zweite Erzieherin die Spielführung behält. Sie sollte die Kinder immer wieder zur ruhigen Beobachtung führen.
Variation: Statt der Erzieherin kann auch eine Puppe oder ein Teddy etwas vorführen. Die Kinder sollen erzählen, was die Figur gerade tut.

„Simsalabim" – Zaubereien

Kimspiele sind Spiele, bei denen es vor allem auf sinnliche Wahrnehmung und Merkfähigkeit ankommt. War da nicht gerade noch etwas? Welcher Gegenstand fehlt? Wie hieß das Ding noch gleich?
Ende des dritten Lebensjahres verknüpfen sich sprachliche und kognitive Prozesse immer deutlicher. Nachdenken und Erinnern machen besonders viel Spaß, wenn Zauberei mit im Spiel ist.

Das Zaubertuch

Alter/Entwicklungsstand: ab 2,5 Jahre
Mispieler: Klein- oder Großgruppe
Material: 1 Schwungtuch (oder großes Laken), diverse Gegenstände (z. B. Kochtopf, Kissen, dicker Ball, …)
Ort/Raum: Gruppenraum, Bewegungsraum
Spielanleitung: Legen Sie einen Gegenstand unter das Tuch. Durch die Form des Tuchs lässt sich der Gegenstand erahnen. Fragen Sie die Kinder: „Was liegt da?" Sie können alles sagen, was ihnen einfällt. Nun gehen wir der Sache auf den Grund. Wir schleichen uns an und klopfen auf dem versteckten Gegenstand herum (ein Topf klingt anders als ein Kissen). Wieder können die Kinder ihre Ideen äußern. Zum Schluss ziehen wir das Tuch ganz vorsichtig weg. Langsam kommt der Gegenstand zum Vorschein.
Wie heißt er gleich?

Die magische Kiste

Alter/Entwicklungsstand: ab 2 Jahre
Mitspieler: Klein- oder Großgruppe
Material: 1 flache Obstkiste, 1–4 Gegenstände (kleiner Ball, kleines Auto, winziges Gummitier, Baustein, ...) 1 Tuch, 1 Zauberstab (z. B. aus Papier gerollt)
Spielanleitung: Legen Sie einen Gegenstand in die Obstkiste (z. B. einen kleinen Ball). Gehen Sie mit der Kiste umher. Jedes Kind darf den Gegenstand betasten/fühlen. Nun bedecken Sie die Kiste mit einem Tuch.
Machen Sie mit einem Zauberstab geheimnisvolle Bewegungen. Vielleicht sagen Sie einen Spruch dazu („Simsalabim"...). Dann ziehen Sie das Tuch weg. Machen Sie dies so geschickt, dass Sie den Gegenstand beim Wegziehen mit der Hand im Tuch halten. „Wo könnte der Ball sein?"
Dann versuchen Sie es erneut mit der Zauberei. Legen Sie das Tuch (mit dem Ball darin) wieder über die Kiste. „Simsalabim ..."– Wer möchte das Tuch mal wegziehen? Zauberei! Da ist der Ball.
Variation: Legen Sie zwei Gegenstände unter das Tuch. Nehmen Sie beim Wegziehen des Tuches nur einen Gegenstand mit weg. Der andere bleibt liegen. Die Kinder können sagen, welcher Gegenstand fehlt.
Je nach Alter/Entwicklungsstand können Sie die Anzahl der Gegenstände steigern.

„Was kann das sein?" - Rätselhaftes

Fragen und kleine Rätsel regen zum Nachdenken an. Wie könnte die Lösung lauten? Da heißt es: überlegen, im Gedächtnis „kramen" und vielleicht eine Antwort finden. Rätsel, die auf Reimen aufbauen, fördern in besonderer Weise das Sprachgefühl. Allerdings brauchen die Kleinen dabei noch Unterstützung. Durch kleine Hilfen kann man ihnen die Antwort fast „in den Mund legen".

Rate mal ...!

Alter/Entwicklungsstand: ab 2,5 Jahre
Mitspieler: Kleingruppe
Spielanleitung: Das Spiel beginnt immer mit der gleichen Frage: *Rate mal, was kann das sein?* (Wie heißt ...?)

- Geräusche raten (Klingel, Trommel … Tierstimmen)
- Bewegungen und Tätigkeiten erraten (Tierbewegungen oder Alltägliches vorspielen, z. B. „essen", „anziehen")
- Taktiles raten (Kinder mit etwas berühren, z. B. mit einer Feder, …)
- Nahrungsmittel riechen/schmecken und erraten (z. B. Apfel, Banane, …)

Groß und Klein zusammen: Bei älteren Kindern können Sie differenzierte Darstellungen erraten lassen, z. B. „Spaghetti essen", „Haare fönen", „Auto waschen".

Da reimt sich was

Alter/Entwicklungsstand: ab 3 Jahre
Mitspieler. Klein- oder Großgruppe
Spielanleitung: Sprechen Sie den Text. Lassen Sie die Kinder die Tiere erraten!

Welches Tier ist grau und schwer, trägt einen
Rüssel und stampft daher? (Elefant)

Welches Tier braucht ganz viel Zeit,
kriecht ganz langsam, kommt nicht weit? (Schnecke)

Welches Tier kann Liedchen singen,
piepen und ein Ständchen bringen? (Vogel)

Welches Tier hat vier Beine
und läuft an einer langen Leine? (Hund)

Welches Tier trägt eine Mähne,
brüllt ganz laut, hat spitze Zähne? (Löwe)

Welches Tier wühlt fett und keck
in dem allerschönsten Dreck? (Schwein)
Autorin

Hinweise: Wenn die Lösung nicht kommt, so stellen Sie „Schlüssel-Fragen" („Welches Tier kriecht ganz langsam? Es hat ein Häuschen auf dem Rücken. Es heißt: Sch …").

13.

„Groß oder klein?" – Gegensätze

Schon zwischen 1,5 und 2 Jahren verstehen Kinder erste Adjektive. Die Erzieherin sagt z. B. „heiß", während sie den Tee eingießt. Dabei legt sie vielleicht vorsichtig die Hand des Kindes an die Tasse, damit es die Wärme fühlen kann. Zwischen 2 und 3 Jahren gebrauchen die Kinder immer mehr Adjektive (z. B. sauer, dunkel …).
Gegensätze (hoch-tief, laut-leise) können Kinder von sich aus meist erst zwischen 3 und 4 Jahren benennen. Dies bedeutet jedoch nicht, dass Gegensätze nicht schon vorher im Spiel anschaulich erlebt werden können.

Gegensätze ziehen sich an

Alter/Entwicklungsstand: ab 3 Jahre
Mitspieler: Kleingruppe
Material: Eiswürfel oder Schnee, Plastikschüssel, Wärmflasche, Handtuch
Spielanleitung:

- Geben Sie Eiswürfel oder Schnee in eine Schüssel. Lassen Sie die Kinder mit den Händen das Eis/den Schnee fühlen: „Das Eis ist *kalt*."
- Bitte vorbereiten: Wärmflasche mit warmem Wasser füllen. „Wer möchte einmal vorsichtig die kalten Hände auf die *warme* Wärmflasche legen?" Wie können wir unsere Hände noch wärmen?
- Und jetzt eine Abkühlung bitte! Was ist hier kalt? Die Fensterscheibe? Das Wasser aus dem Wasserhahn?
- Lassen Sie die Kinder die Hände in eine Schüssel mit Wasser tauchen. Sagen Sie „*nass* … Das Wasser ist nass." Nasse Hände können wir *trocken* machen (abtrocknen). Da muss ein *weiches* Handtuch her! „Fühlt einmal, wie weich das Handtuch ist! So weich wie ein Pullover."
- Wer trägt einen *weichen* Pullover (ein weiches T-Shirt)? Bitte einmal fühlen!
- Der Fußboden ist *hart*. Auch der Tisch ist hart. Und der Stuhl? Fühlt einmal!

Variation: Je nach Situation können die Kinder auch andere Eigenschaften erfahren (groß-klein, hoch-tief, langsam-schnell, hell-dunkel …)

Einmal hoch, einmal tief

Alter/Entwicklungsstand: ab 2 Jahre
Mitspieler: Klein- oder Großgruppe
Spielanleitung: Sprechen oder singen Sie die folgenden Verse:

Einmal hoch,	Alle heben die Arme hoch in die Luft.
einmal tief,	Dann senken sie die Arme nach unten.
einmal gerade,	Jetzt Arme zu beiden Seiten gerade ausstrecken.
einmal schief,	Körper mit gestreckten Armen zu einer Seite neigen.
einmal dunkel,	Mit beiden Händen die Augen zuhalten.
einmal hell,	Die Hände wieder lösen.
einmal langsam,	Mit den Händen ganz langsam trommeln.
einmal schnell.	Dann so schnell wie möglich …

überliefert

Gedruckt auf umweltfreundlichem, chlorfrei gebleichtem Papier

Layoutentwurf und Produktion: art und weise, Freiburg
Umschlaggestaltung: R•M•E Roland Eschlbeck/Rosemarie Kreuzer
Umschlagfoto: Hartmut W. Schmidt, Freiburg
Illustrationen: Anja Wrede, Bad Nenndorf

Alle Rechte vorbehalten – Printed in Germany
© Verlag Herder Freiburg im Breisgau 2007
www.herder.de
Gesamtherstellung: fgb • freiburger graphische betriebe 2007
www.fgb.de

ISBN 978-3-451-32057-6